大川隆法

RYUHO OKAWA

NHK新会長 籾井勝人《もみいかつと》

守護霊本音トーク・スペシャル

タブーにすべてお答えする

本霊言は、2014年1月31日、幸福の科学総合本部にて、
質問者との対話形式で公開収録された（写真上・下）。

まえがき

ＮＨＫの新会長の籾井《もみい》氏は、実に痛快な人のようだ。昨日の国会答弁では、両脇をＮＨＫ職員に固められて、答弁前にメモを差し入れられると、ニヤッと不敵に笑って、いかにも「くだらなそうに」陳謝《ちんしゃ》するシーンが生中継されていた。

「公共放送」ＮＨＫにかわって、私の方から、籾井勝人《もみいかつと》新会長の「守護霊本音トーク・スペシャル」を国民の皆様にお伝えする。「皆様のＮＨＫ」なら、この内容に謙虚に対応されることと思う。

大体、組織というものは、トップが「進め」という方向に進まねば烏合《うごう》の衆《しゅう》となる。新会長の号令のもとに、大改革をなしとげてもらいたいものだ。ＮＨＫの「超異次元改革」に大いに期待する。

二〇一四年　二月一日

幸福《こうふく》の科学《かがく》グループ創始者兼総裁《そうししゃけんそうさい》　大川隆法《おおかわりゅうほう》

ＮＨＫ新会長・籾井勝人守護霊本音トーク・スペシャル　目次

ＮＨＫ新会長・籾井勝人守護霊《もみいかつとしゅごれい》本音トーク・スペシャル
――タブーにすべてお答えする――

二〇一四年一月三十一日　収録
東京都・幸福の科学総合本部にて

「霊言現象《れいげん》」とは、あの世の霊存在の言葉を語り下ろす現象のことをいう。これは高度な悟《さと》りを開いた者に特有のものであり、「霊媒現象《れいばい》」（トランス状態になって意識を失い、霊が一方的にしゃべる現象）とは異なる。外国人霊の霊言の場合には、霊言現象を行う者の言語中枢《ちゅうすう》から、必要な言葉を選び出し、日本語で語ることも可能である。

また、人間の魂《たましい》は原則として六人のグループからなり、あの世に残っている「魂の兄弟」の一人が守護霊《しゅごれい》を務めている。つまり、守護霊は、実は自分自身の魂の一部である。したがって、「守護霊の霊言」とは、いわば本人の潜在《せんざい》意識にアクセスしたものであり、その内容は、その人が潜在意識で考えていること（本心）と考えてよい。

なお、「霊言」は、あくまでも霊人の意見であり、幸福の科学グループとしての見解と矛盾《むじゅん》する内容を含《ふく》む場合がある点、付記しておきたい。

ＮＨＫ新会長・籾井勝人守護霊《もみいかつとしゅごれい》
本音トーク・スペシャル
――タブーにすべてお答えする――

二〇一四年一月三十一日　収録
東京都・幸福の科学総合本部にて

籾井勝人《もみいかつと》（一九四三〜）

日本放送協会（ＮＨＫ）第二十一代会長。福岡《ふくおか》県生まれ。幼少期を炭鉱地区で過ごす。九州大学経済学部卒業後、三井物産《みついぶっさん》に入社、鉄鋼《てっこう》部門を中心に活躍《かつやく》し、鉄鉱石部長や鉄鋼原料本部長、米国三井物産社長等を歴任、二〇〇四年、三井物産副社長に就任した。二〇〇五年、日本ユニシスの社長に転出、二〇一一年以降は同社相談役や特別顧問《こもん》を務めていたが、二〇一四年一月二十五日、商社マンとしての国際経験や社長等としての経営能力が評価され、ＮＨＫ会長に就任した。

質問者　※質問順

綾織次郎《あやおりじろう》（幸福の科学上級理事 兼《けん》「ザ・リバティ」編集長 兼 幸福の科学大学講師※）

矢内筆勝《やないひっしょう》（幸福実現党総務会長 兼 出版局長）

高間智生《たかまともお》（幸福の科学広報局部長）

［役職は収録時点のもの］

※幸福の科学大学（仮称）は、2015年開学に向けて設置認可申請予定につき、大学の役職については就任予定のものです。

1　豪放磊落《ごうほうらいらく》なＮＨＫ新会長の守護霊《しゅごれい》を招霊《しょうれい》する

籾井《もみい》新会長の「本音トーク」が聞きたい

大川隆法　今年（二〇一四年）の一月二十五日に、ＮＨＫの新会長として、籾井勝人《もみいかつと》という方が就任し、当日、記者会見をなされました。

それを見ていて、私は、「おお、けっこう本音を言っている。これは、攻撃《こうげき》されるかな」と思ったのですが、案《あん》の定《じょう》、言葉尻《じり》を捉《とら》えて、いろいろと攻撃が開始されました（注。就任会見では、一部の記者からの執拗《しつよう》な要求に応《こた》えるかたちで、従軍《じゅうぐん》慰安婦《いあんふ》について、「どこの国にもあった」などと述べたため、一部のマスコミや政党から問題視された）。週刊誌は手早くて、三日間ぐらいで、すぐに「あら探し」を終えました。「銀座のママ」から「九州の炭鉱町」まで取材して、あっという間に出来上がったのですから、すごいものです。このスピード感は何とも言えません。ただ、籾井新会長は豪放磊落《ごうほうらいらく》な方のようなので、私は、「ぜひとも、その魂《たましい》の生《き》地《じ》を生かしていただきたい」という気持ちを持っています。

〝最初の一撃〟で黙《だま》らされてしまうのは、まことにもったいないので、もっともっと、しっかり「本音トーク」をしてもらいたいと思っています。それをしないと、ＮＨＫの改革もできないのではないかと思うのです。

新会長が、「もう黙っていろ」という感じで〝お飾《かざ》り〟にされてしまい、「受信料の値上げ」のお願いのときにだけ出てくるような感じになるのでは、面白《おもしろ》くありません。

あれだけ話せるのでしたら、できれば、日曜日に「会長時事放談」か何かをしていただきたいぐらいです（会場笑）。言いたい放題に言ってくれたら、ＮＨＫは本当に面白くなるような気がします。

私には彼を糾弾《きゅうだん》する気は全然なく、面白いので、もっと本音を聞き出したいのです。本日は、「ここまで言っておけば、あとは何を言おうと普通《ふつう》に聞こえます」という感じで語っていただきたいと思っています。

沖縄《おきなわ》米軍基地の報道の仕方に問題があるＮＨＫ

大川隆法　私は、昨日《きのう》（二〇一四年一月三十日）、夕ご飯のとき、少し前に録画してあったＮＨＫの番組を観《み》ました。それは先日の「沖縄《おきなわ》での名護《なご》市長選」のあとに放送されたものです。

名護市長選では、自民党が応援《おうえん》していた候補が負け、普天間《ふてんま》基地の辺野古《へのこ》移転に反対している人のほうが当選しましたが、その数日後の番組です。ＮＨＫが、普天間基地について、「返還《へんかん》合意から十八年」ということをテーマにして、四十数分間の特集番組を放送しており、大臣も出ていました。

しかし、「沖縄の基地負担を、どう減らすか」という話ばかりを、最初から最後までやっていて、観ているうちに、私は、だんだん気分が悪くなってきました。

ＮＨＫ沖縄放送局の人も男女で出てきて質問しているのですが、「しんぶん赤旗《あかはた》」の人か何かでもあるような雰囲気《ふんいき》でした。

その番組では、画面の背景、バックに、米軍の大きな輸送機のようなものが、ゴーッと、小学校か幼稚園《ようちえん》の上空を通る映像をたくさん流していました。

これは「イメージ」なのですが、いかにも不安そうに、「いつ落ちてくるか分からないものを見上げている」という場面を流していたのです。

今日、私は、「それをまねしよう」と思い、（机の上に掲示《けいじ》してある『ＮＨＫはなぜ幸福実現党の報道をしないのか』（幸福の科学出版刊）を示して）こういうものを画面に映しておくことにします。

「話している姿以外にも、ときどき何らかのイメージが映る」という手法は大事だと思います。

「子供たちの上を大きな飛行機が飛んでいる」

2012年9月19日に収録された「ＮＨＫはなぜ幸福実現党の報道をしないのか」

という映像を観ると、いかにも怖《こわ》い感じがしたので、「なるほど。ああいう手があるのか」と思い、なかなか勉強になりました。

ただ、その番組自体は、四十数分間のほとんどにおいて、「基地の負担を減らす」という内容でしたし、自民党の大臣も、「基地の負担をいかに減らすかが問題だ」というようなことばかり言っていました。

そして、その番組では、「何のために基地があって、そこでは、いったい何をしているのか。日本政府が、なぜ、それを、『移転してでも必要だ』としているのか」ということの説明が、まったくなかったのです。

要するに、「中国の脅威《きょうい》が高まっている」ということについて、何の説明もないので、「ああいう報道の仕方は実によくない」と思いました。

逆に言えば、中国の脅威が高まっていることを、きちんと説明した上で、「それでも、やはり、これは撤去《てっきょ》したほうがよいのでしょうか」というかたちで訊《き》くなり、あるいは、本土のほうから、「いやあ、沖縄の方は大変だと思うけれども、本土のほうでは、『実にありがたい』と思って感謝しています」という発言を入れるなりすれば、ずいぶん中和した感じになると思うのです。

ところが、いかにも〝左翼《さよく》の牙城《がじょう》〟のような報道の仕方をしていました。

ああいう番組を観ると、沖縄の人たちも、地元の新聞に焚《た》きつけられていることについて、「いかにも、そのとおりだ」と思ってしまうのではないでしょうか。本土の放送を見て、「ああ、このような見方をするのだ」ということを知ったら、沖縄の人たちは驚《おどろ》くと思うのですが、そうなってはいないのです。

やはり、そのへんが問題かと思います。

新会長の本音を、NHKの職員はよく勉強してほしい

大川隆法　NHKに対しては、ほかにも、たくさん、言いたいことがあるでしょう。今日は、質問者として、NHKに言いたいことがある人たちが出てきていると思いますが、新会長の「本心」を聞いてみたいと思います。

この方は、けっこう、豪放磊落に、いろいろなことを話してくださる方ではないかと思うので、口をつぐませることなく、ＮＨＫの改革をしていただきたいと思います。

今日は、ぜひとも、その「本心」を語っていただき、ＮＨＫの一万人の職員にも、会長の「本音」をよく勉強してもらいたいものです。社内テキスト、新入職員テキストとして、ぜひ研修で使ってほしいと思います。

トップの考えをよく学ぶのは大事なことです。

稲盛和夫《いなもりかずお》さんは、きちんと〝稲盛哲学《てつがく》〟を手帳にし、「ＪＡＬ《ジャル》（日本航空）再建」に向けて社員たちに読ませていました。

同じように、当会から出た新会長の「本音トーク」を、ＮＨＫの職員は、みな勉強しなくてはなりません。「感想文を提出する」という宿題を出してもよいぐらいではないでしょうか。

今回の霊言《れいげん》は、少なくとも他のマスコミからも注目されると思うので、今日、私は、とても期待しています。

あの方（の守護霊《しゅごれい》）は、今ならまだ「本音」を語ってくれるような気がします。会長就任後、一カ月ほどたつと、もう〝マスコミ作法〟を覚えてしまい、逃《に》げる方法をマスターしてしまう可能性があるのですが、今なら、まだ何か言ってくれると思うので、本人がどこを「問題だ」と思っているのか、聞き出したいと思います。

また、安倍《あべ》首相系統の人たちが、この方の会長就任を支援したのでしょうから、そのへんのすり合わせも、今日はしてみたいと思っています。

（質問者たちに）よろしくお願いします。

特に産経新聞は、最近、ＮＨＫへの攻撃が激しく、別冊で……。

綾織　はい。別冊「正論《せいろん》」です。

大川隆法　「しつこい」と私が思うぐらい、四回も五回も、五段抜《ぬ》きの新聞広告を打ってＮＨＫを攻撃しているので、そうとう、ＮＨＫに対する思いがあるのでしょう。

今日は、そちらのほうの意見も少し打ち込《こ》みたいと思います。

ＮＨＫ新会長、籾井勝人氏の守護霊を招霊《しょうれい》する

大川隆法　では、始めます。

（合掌《がっしょう》し、瞑目《めいもく》する）

一月二十五日付でＮＨＫの新会長になられました、籾井勝人さんの守護霊をお呼びし、公平無私なる態度で、幸福の科学総合本部にて、ＮＨＫ新会長のお言葉を賜《たまわ》りたく存じます。

籾井勝人新会長の守護霊よ。

籾井勝人新会長の守護霊よ。

どうぞ、テレビで語れない本音を当会にてお話しください。

もし面白いシーンがありましたら、「YouTube《ユーチューブ》」でも流してよいと思っておりますので、どうぞ、頑張《がんば》って本音を語ってください。お願いします。

悔《くや》しいことがあったら、それも、どうぞ、お述べください。お願いします。

私たちは公平中立です。お願いします。

2　揚《あ》げ足取り報道に対する「反撃《はんげき》」
いきなり「ＮＨＫ改革」を口にする籾井氏守護霊

籾井勝人守護霊　ハッ！　ハッハッハッ。いやあ、やったぞ！　会長を取ったぞ！　ざまあみろ。アハハハハハ……。

綾織　「取った」という感じなのですね。

籾井勝人守護霊　取った、取った。ざまあみろ。わしがおる間、もう徹底的《てってい》にやってやるわなあ。

綾織　なるほど。ただ、「取った」はいいのですが、このあと大変な仕事が……。

籾井勝人守護霊　「わしの寝首《ねくび》をかこう」と思ったやつがおるんだろうなあ。ぶっ潰《つぶ》してやるから見てろよ。ああ？　商社マンをなめるでないわ。

そらあ、もう、世界の荒《あら》くれ男とやってきたんやからな。命のやりとりぐらいやれないで、やれんよ。

そんな、ＮＨＫの〝エセ紳士《しんし》たち〟をぶっ潰すぐらいは、訳はないから、会長権限でもって、どっから潰したろうかと思って、今、考えとるとこや。

綾織　となると、就任会見のときにおっしゃった慰安婦《いあんふ》問題への言葉の一つひとつについては、そんなにご自身では気にしていないのでしょうか。

籾井勝人守護霊　ええ？　何で？　バカじゃねえか？　ほんとによお、くっだらねえ。いや、マスコミの、あのくっだらねえところを改革しなきゃ意味ないんだよ。だから、美辞麗句《びじれいく》を並べてさあ、事なかれ主義で、とにかく尻尾《しっぽ》をつかまれないようにだけ報道するっていうけど、こんなのを一日中流してたら、君ねえ、国民の貴重な時間を奪《うば》っとるのと一緒《いっしょ》じゃないか。違《ちが》うか？

綾織　そうですね。

籾井勝人守護霊　もう、もったいないよね。もう早く、テレビのチャンネルを替《か》えなさいって、会長のわしから言いたくなる（会場笑）。もう、もったいない！受信料ももったいない！　こんなもの、払《はら》う必要もないですよ。こんなくだらねえ番組。本音で話さなかったら、そんなもの、意味ないよ。

綾織　なるほど。それこそ、会長ご自身が出演されるのがいちばんいいですね。

籾井勝人守護霊　そうなんだ。わしが出たいぐらいじゃ。わしが出てやな、著名人と対談し、左翼《さよく》とも対談したいぐらいや、ほんま。やっぱ、プレイングマネージャーっていうのはええなあ。

綾織　お！　素晴《すば》らしいですね。

籾井勝人守護霊　一回、やってみたらええなあ。

綾織　ぜひ番組を持っていただければと思います。

籾井勝人守護霊　ほんまねえ、情けないよ。みんな、タイに行って、性転換《てんかん》して帰ってきたようなのばっかりよ、下にいるのは。こんなの、どれも使えんわ！　ほんまにあかん！「もう一回つけてもらえ！」っていうんや。
あっ、こんなのはいかんのかな。放送禁止用語かな？

綾織　いえ、まだ大丈夫《だいじょうぶ》だと思います（笑）。

籾井勝人守護霊　大丈夫だな。まだ大丈夫だ。このあたりは、今は抽象《ちゅうしょう》的に言うとるから全然問題ない。具体的じゃないもんな？

綾織　はい、そうですね（苦笑）。

籾井勝人守護霊　全然具体的な話じゃなく、抽象的に言うとるから、極《きわ》めて上品だわな、うん。だから、今のところ大丈夫だ。

「就任会見」での発言の真相とは

綾織　改めて、今回の就任会見についてお伺《うかが》いしたいのですけれども。

籾井勝人守護霊　ほう！　ほうほう。いいよ。

綾織　新聞記者のほうから、「慰安婦問題に関してはどうですか」と訊《き》かれた際、一度は、「ちょっとコメントを控《ひか》えさせてください」と答えたわけですが、そのあとで、けっこうダーッと話されて、止まらないところもあったように思います。そういうところは、計算した上での発言でしょうか。

籾井勝人守護霊　でもね、実にくだらないですよ。ああいうのは、一種の〝儀式《ぎしき》〟だろ？　まあ、〝儀式〟だ。

だから、「首相に就任したら靖国《やすくに》も参拝《さんぱい》されますか?」とか、「八月十五日は、どうされますか?」とか……。

綾織　朝日新聞は、訊いていますよね。

籾井勝人守護霊　あれと同じような〝踏《ふ》み絵〟だろ?　これも、〝踏み絵〟みたいなもんだよな?　もう、知ってて、わざとやってるからさあ。

綾織　「あえて、それを受けた」という状態なんですか。

籾井勝人守護霊　ええ?　だから、なんかちょっと、社風を変えて、NHKからマスコミ改革したいっていう、まあ、狼煙《のろし》を上げたいっていう気持ちはあったんだけど。

（机の上にあった、籾井氏への批判記事が掲載《けいさい》されている「週刊新潮《しゅうかんしんちょう》」〔二〇一四年二月六日号〕を掲《かか》げながら）あんまり、こんなさあ、〝ボロ週刊誌〟みたいなのがさあ、揚《あ》げ足を取ってくるし、ほかも、ワアワア言ってて。左翼も右翼もないんだよ、日本のマスコミはなあ。

綾織　そうですね。まあ、保守系ではありますからねえ、新潮も。

籾井勝人守護霊　なんか、人がボロを出したと思ったら、すぐに足を引っ張る。これは、よくないわ。

「君たちは、聖人君子《せいじんくんし》か」って、やっぱり言いたくはなるわ。ああいう、わしに文句を言うやつは、全員、〝身体検査〟せなあかんのや。ほんまに、おまえら、何一つ悪いことをせずに、孔子《こうし》様の教えみたいに生きとるんかどうか。もう、幸福の科学へ行って、全員、過去世《かこぜ》を透視《とうし》してもらえっていう……。

もう、過去世から今世《こんぜ》の人生から、もし悪さをしとるやつは、即《そく》、辞表を持って、やって来いって言わないといかん。
だから、提携《ていけい》しねえか？（会場笑）
うちの職員で怪《あや》しいやつは、全員、おたくへ送るから、一回、全部、調べてもらえ。

綾織　まあ、個々にやるのは、さすがに、面倒《めんどう》なので、勘弁《かんべん》いただきたいのですが。

籾井勝人守護霊　そうか。うーん。

籾井氏守護霊が考える「ＮＨＫの理想の姿」

綾織　やはり、そういう「ＮＨＫ改革」という気持ちを持たれているので……。

籾井勝人守護霊　もちろんや！

綾織　今後も、歴史問題にしろ、何にしろ、発言を続けていこうとされていますか。

籾井勝人守護霊　いや、わしはね、安倍《あべ》さんが自由に出れるようなＮＨＫにしてやりたいんだよ。首相が出たくないＮＨＫなんていうのは、そらあ、やっぱり責任放《ほう》棄《き》やから。なあ？　諸外国から見ても、国益を損じてるよなあ。

綾織　はい、はい。

籾井勝人守護霊　いや、「公共放送」って言うてさあ、「国営放送じゃない」って逃《に》げるのはいいけどさあ、それだったら、中国や韓国《かんこく》や北朝鮮《きたちょうせん》には絶対勝てないよ、こんなのなあ。

やつら、国益しか考えて……、国益じゃなくて、国の何や、まあ、権力者の利益しか考えてない。
それで、絶対、謝罪はせんだろう？　報道した内容について、「日本のみなさん、失礼なことを言いまして、申し訳ございませんでした」なんて謝罪するシーン、一回でも見せてみろっていうんだ！
なんで日本はすぐ謝《あやま》らせなきゃいかんのよ。わしみたいに、翌日は、すぐに、謝罪、謝罪、謝罪だわな。

綾織　今後の方針として、「日本の国益に沿った放送をやります」と？

籾井勝人守護霊　そうや。だから、安倍さんにも、ほんとは本音を言うてほしいけど、まあ、いろんなところから足を引っ張られて気の毒やから、やっぱり、こちらのほうから、ちょっとは援護《えんご》射撃してやらないといかんやろうからさあ。

ＮＨＫの「偏向《へんこう》」を断言する

綾織　それは、まず、どのあたりから手を付けますか。

籾井勝人守護霊　まあ、とにかく、「左翼が中道《ちゅうどう》に見えてる」っていうこのスタンスは、絶対よくない。（激しく首を横に振りながら）ぜーんぜんです。

綾織　ＮＨＫが言っている「公正・公平・中立」というのは、完全に「左側」ですよね。

籾井勝人守護霊　まあ、「偏向《へんこう》・偏向・偏向」ですよ。どこが中道で、どこが公正なのよ。これ、教えてほしいわ。

だから、あれは、〝偏向料〟を国民から徴収《ちょうしゅう》してんじゃないの？

綾織　ああ、そうですね（笑）。

籾井勝人守護霊　「（ＮＨＫが）事実を、これだけ歪曲《わいきょく》したんですが、これ（偏向する）には〝技術〟が要《い》ったんです。この部分について、〝技術料〟を頂きたい」と。これで回っとるんじゃないの？

綾織　国民のほうも、「思いっきり左に寄っているんだ」ということが分からない状態になってしまっているのだと思います。

籾井勝人守護霊　分からんだろうね。あれだけ全国にネットを張っているし、地方へ行ったら、ＮＨＫを観《み》てる率が多いからさあ。

綾織　そうですね。

籾井勝人守護霊　だから、「これが中立だ」と思うやろうし、これが、教科書とか、そんなのにも影響《えいきょう》するしさあ。これが政治家の、いろんな判断にも影響するんやろうからさあ。

なんか、〝野党の用心棒〟をしてるみたいな感じがするわなあ。

綾織　まあ、「赤旗《あかはた》」とほとんど同じ問題ですよね。

籾井勝人守護霊　うーん、変われへんよなあ。だから、勢いづいとるやろう？　さぞかしなあ。

綾織　となると、放送法の考え方として「公平」であり、「公正」であり、「中立」

というのがありますが、その意味のとおりの放送を実現していくのでしょうか。

籾井勝人守護霊　まあ、少なくとも、一方的な報道とか、あるいは、それとは分からんように、事実のように報道する手とかが、ずいぶん、やられてるじゃないですか。

綾織　まあ、映像によってもごまかしていますよね。

籾井勝人守護霊　編集されたりなあ。そうなるもんなあ。

インタビューして、賛成・反対があったって、その出し方によって、どうにでも持っていけるんだからさあ。

やっぱり、このへんは、公共放送って言ったら、私欲があるのはいかんねえ。一定の目的性を持って、そっちに誘導《ゆうどう》していこうっていうのはよくない。

要するに、国を滅《ほろ》ぼそうとしてんだろう？　目的的にはなあ。

綾織　まあ、向かっていくのは、その方向になっていますね。

籾井勝人守護霊　そうそうそう。まあ、朝日なんかも、そうだろうけど、戦後、朝日とＮＨＫがタッグを組んで、「この国を滅ぼそう」と頑張《がんば》って、引っ張ってるわけやからさあ。

結局、戦後のＧＨＱに代わって鍵《かぎ》を渡《わた》されたのは、朝日新聞とＮＨＫで、それで閉《と》じ込《こ》めてるんだよ。わしみたいなタイプの狂犬《きょうけん》を、小屋のなかに閉じ込めとるんだと思うんや。「鉄格子《てつごうし》のなかに入《い》れ」と、なあ？　これは、やっぱり解放せな。で、吼《ほ》えまくらさないといかんのや。

ちょっと言うたらええねん。言わんかったら、中国だって韓国だって、みんな自分らが正しいと信じとるんだよ。やっぱり、このへんは、言うべきことを言わんと。

言論戦っていうのは、そういうもんと違うか？　なかで足の引っ張り合いをするのは、言論戦と違うよ！

ＮＨＫ改革の具体的指針を示す

綾織　しかし、実際に、報道の現場で、その方針を徹底させていくとなると、かなり反発があると思うのですが、どういうふうにクリアしていきますか。

籾井勝人守護霊　いや、それは反発するやつが悪いんや。反発しているやつが……。

綾織　まあ、悪いですけどね。

籾井勝人守護霊　うんうん。悪いんや。

綾織　はい。

籾井勝人守護霊　「辞《や》めい」って。

綾織　（笑）あっ、辞めろ？

籾井勝人守護霊　「辞めい」っつうのよ。

綾織　そこまで言われますか。

籾井勝人守護霊　民放に行け！　民放の偏《かたよ》ってるところに行ったらええのや。拾ってもらえ。そんな者は、ＮＨＫにおらんでよろしい。ＮＨＫは、もうちょっとまともな人を中途《ちゅうと》採用してもええんや。別に構へんのやあ。

綾織　なるほどですね。もう、「人を入れ替える」と。

粉井勝人守護霊　だから、頭の中身はなあ、（机を手で何度も叩《たた》きながら）教養がない、教養が！　まあ、ユニバーサルマンとしての教養がないんだよ。グローバリズムのなかに生きる教養がないんだよなあ。これは、あかんわ。

ＮＨＫに〝全共闘《ぜんきょうとう》〟が就職している実態

綾織　今のＮＨＫの経営幹部層は、だいたい、全共闘《ぜんきょうとう》など、学生運動をしていた人たちが、ガッチリと握《にぎ》っている状態ですので、このへんを、すっかり入れ替えてしまうのも一つかもしれません。

粉井勝人守護霊　〝全共闘〟が、なんでＮＨＫに就職せないかんのや。

綾織　まあ、たぶん、「民間の企業《きぎょう》では受け入れられなかった」ということもあるとは思いますが。

籾井勝人守護霊　なるほど。そういうことか。なるほどなあ。君、頭ええなあ（会場笑）。わしゃ、理由が分からんかったんやけど、ああ、そういうことか。

綾織　まあ、彼らが三井物産《みついぶっさん》には行けなかったっていうことはあると思うんです（笑）（会場笑）。

籾井勝人守護霊　いや、商社だって、全共闘のような時代はさあ、もう赤旗を振《ふ》り回してた人が、あっちもこっちも、いっぱいおるからさあ。けっこう苦労してんのやけどね。そらあ、あの時分は、思想調査をすごくやったよ。

まあ、わしら、炭鉱の街のほうから出てきとるやつなんか、すぐ振りたがる気《け》があるから。思想調査っていうのは、やはり厳重に見られとると思うけどね。

3　「日本を滅《ほろ》ぼすための NHK」なのか
「NHK」はかつての「JAL《ジャル》」なのか

綾織　報道内容について、具体的に見ていきたいのですけれども。

籾井勝人守護霊　うん、ほう。
わしね、NHK、あんまり観《み》とらへんのや、ほんまは。

綾織　（笑）（会場笑）

籾井勝人守護霊　ほんま言うと、会長になったんで、これから観ないといかんと思うとるんやけどさあ。

綾織　そうですね。やはり、それなりにチェックをしていただきたいとは思うのですが……。

籾井勝人守護霊　うーん、うちは、受信料を払《はろ》うとるんかな、ほんまに（会場笑）。

綾織　基本的には、韓国《かんこく》なり中国なりの代弁をしているわけですよね。国防の問題もそうですし、最近では、原発の問題もそうです。必ず、中国・韓国側のスタンスに立って報道をしています。

籾井勝人守護霊　どうしたいのかねえ、ほんとにねえ。恥《は》ずかしいなあ。やっぱり、君の言葉を聞いて「恥ずかしい」と思わないかんよな。

綾織　そうですね。

籾井勝人守護霊　ＮＨＫ職員一万人は、「恥ずかしい」と思わないかん。ああ、わしは、君が神様に見えてくるんや。

綾織　（苦笑）神様は別のところにいらっしゃいますので。

籾井勝人守護霊　うーん。うちは、もう、日雇《やと》い労働者が集まってるようなもんで、まあ、固まってるように見えるなあ。一種のＪＡＬ《ジャル》やでえ、ＮＨＫっていうのは。倒産《とうさん》しないのは、おかしいんや、ほんまは。改革せなあかん。

ＮＨＫが、中国・韓国《かんこく》と同調する理由

綾織　まあ、「国民の皆様のＮＨＫ」と言っているのですけれども、実際には、「中国・韓国《かんこく》のためのＮＨＫ」という状態になっています。

籾井勝人守護霊　「ための」かどうかは……。いや、そんなねえ、中国・韓国のためじゃないんじゃないかなあ。「日本を滅《ほろ》ぼすためのＮＨＫ」なんじゃないかなあ。

綾織　ああ、なるほど。もう、そちらのほうに行ってしまっているわけですね。

籾井勝人守護霊　あれはね、アメリカが中途半端《ちゅうとはんぱ》に沖縄占領《おきなわせんりょう》でやめたから、ＮＨＫは気に食《く》わんのや。ほんとは、日本全国を占領してほしかったよな、きっとな。そして、重役階級以上の、日本を動かしていた連中は、すべて座敷牢《ざしきろう》に放り込《こ》んで、

監禁《かんきん》するなり、処刑《しょけい》するなりして、全員、A級戦犯《せんぱん》にしてみたかった。まあ、十万人ぐらいはA級戦犯にして閉《と》じ込めたかったっていう……、これが本音なのと違《ちが》うかなあ。

綾織　確かに、「滅ぼす」という意味では、中国と韓国の考え方に同調してしまって、その主張する具体的な論点なども全部取り入れてやっているわけですよね。

籾井勝人守護霊　まあ、同調しているのかなあ。いや、NHKの放送を観て、中国・韓国がよく勉強しとるんと違うかなあ。「日本っていうのは、こういう国で、こういうふうに攻《せ》めなきゃいけないんだ」っていうことを、NHKの放送を観て勉強してるんじゃないかなあ。

綾織　ああ、攻撃《こうげき》材料を教えてあげている状態……。

籾井勝人守護霊　うん、そうそうそうそう。「ここを攻めろ」と教えてんのや。だから、ＮＨＫは全部、〝国際放送〟なんだよ、実を言うと。「国際放送を強化する」って言うてるけど、すでに、国際放送……、いや、極東《きょくとう》放送なんだよ。〝極東国際放送〟なんだ。

綾織　ああ、なるほど。確かにそうですね。

籾井勝人守護霊　だから、彼らに、どこ攻めたらいいか、全部教えてんのや。

綾織　靖国《やすくに》問題でも、日本から、「ここがまずいですよ」ということを勝手に報道して、それを、海外から中国・韓国に言わせているという状態ですよね。

籾井勝人守護霊　それはそうだよ。言葉一つやねえ。

靖国参拝《さんぱい》にしても、まあ、自民党でもなんでもいいけど、政治家が行ってお参りしているとき、きれいな女性アナウンサーが、「なんだか、尊いお姿で」とか、「なかなか信仰心《しんこうしん》の篤《あつ》い方で、心の清らかな方なんでしょうねえ」みたいなことを横で解説したら、もう全然イメージが違うよ。コロッと変わるもん。な？

綾織　そうですよね。

籾井勝人守護霊　だからね、報道っていうのは、そういうもんだからさあ、どうにでもなるんだよなあ。

4　ＮＨＫが国際報道に弱い理由とは

なぜＮＨＫは国際的発信をほとんどしないのか

矢内　幸福実現党の矢内でございます。

籾井勝人守護霊　ああ、立派な方や。あの、有名な方やないかあ（注。矢内は、二〇一二年から一三年にかけて、幸福実現党の党首を務めた）。

矢内　（笑）

籾井勝人守護霊　ええ？　もう、「街宣やめた」っていう話や、朝日の前で。だから、テレビ機械を持っていって、毎日かけといたらいいのよ、同じ〝番組〟を。

矢内　（笑）あっ、検討いたします（会場笑）。

ぜひ、新会長に、ＮＨＫ改革を、不退転《ふたいてん》の覚悟《かくご》でやっていただきたいと思います。

籾井勝人守護霊　うん、それは、そのとおりだ。

矢内　特に、偏向《へんこう》報道について、先ほど総裁からもお話がありましたけど、中国寄りで、中国の脅威《きょうい》を、まったく報道しません。また、歴史観の問題もそうなのですが、中国・韓国《かんこく》寄りです。

特に、中国に関して、私が問題だと思っているのは、渋谷《しぶや》にあるＮＨＫ放送センターのことです。いわゆる本社ですが、そこに、中国のＣＣＴＶ（中国中央電視台）の東京支局が入っているのです。

籾井勝人守護霊　うん、うん。

矢内　これは非常に大変な問題です。

ご存じのとおり、中国共産党、一党独裁政権において、国営放送であるＣＣＴＶは、「マスコミではなく、諜報《ちょうほう》機関、またはプロパガンダ機関だ」と考えるのが国際的な常識です。にもかかわらず、それが、ＮＨＫの本社のなかに入っているわけです。ここに、ＮＨＫが中国寄りにならざるをえない理由の一つがあると思います。つまり、中国に対して情報が筒抜《つつぬ》けになっているという、非常に大きな問題があるのです。

このあたりを、ぜひ、改革していただきたいと思います。

籾井勝人守護霊　まあ、あのなあ、中国寄りの放送をしているＮＨＫのニュースでも、ときどきブラックアウトするとか言われとるけど、まあ、それは誰《だれ》が判断しとるのかなあ。「(日本)国内から放送されているものが向こうへ行ったら具合が悪い」っていうことで、一瞬《いっしゅん》にして止まるらしいからさあ。うーん……、なかなか、向こうもよう頑張《がんば》っとるところがあるわなあ。

徹底的《てってい》に、「政府の不利益になる報道については見せない」っていうのは、すごいね。だから、もう、日本とは百八十度、真逆な状態ですね。

矢内　ええ。ある意味で、ＮＨＫは、そういう「ムチ」の部分として、中国の政権に都合《つごう》が悪いものはブラックアウトされるという……。

籾井勝人守護霊　うーん。なんで抗議《こうぎ》せんのやろうね、ＮＨＫはなあ。

矢内　ええ。その一方で、中国から「アメ」もたくさんもらっているようで、中国の報道をする特権のような便宜《べんぎ》を、かなりもらっていると思われます。

粉井勝人守護霊　まあ、そうだろうねえ。地元で取材できるのは、向こうの監視付《かんし》きだろうけど、（取材）させてもらうための交換《こうかん》条件なんだろうけどな。

矢内　そうですね。ええ。

粉井勝人守護霊　うーん……、日本は、今、確かに、ＣＮＮやＢＢＣみたいな支局もないし、香港《ホンコン》とかシンガポールとか、あんなところでやられてるからさあ。国際的発信があんまりないんで、せめて、（中国の）近所で見ているんだから、ＮＨＫの国際放送あたりで出さないかんのやけど。

うーん……、弱いなあ。ほんまに弱いなあ。

矢内　そうですね。

籾井勝人守護霊　わしが何とかしてやりたい。

矢内　はい。ぜひ、そこをお願いしたいと思います。

ＮＨＫが海外の危険地帯の報道をしない理由は？

矢内　特に、最近のＮＨＫを観《み》ておりますと、国内地上波の総合テレビのニュースでは、ほとんどと言ってよいほど、国際ニュースを報道せずに、国内放送に徹しているのです。

籾井勝人守護霊　うんうん、そうなのよ。

矢内　ＢＳのほうでは海外の放送をしているのですが、日本人の多くは総合テレビのほうを観ていますので、このまま行きますと、世界の情報がほとんど入りませんし、関心も持たなくなるのではないでしょうか。

そういう世論《よろん》操作のようなことがなされているのではないかという疑問がありまくす。

籾井勝人守護霊　いやあ、そういうのもあるけどさあ、日本人をムラ社会に閉《と》じ込《こ》めておきたい気持ちもあると思うんだよ。「世界の情勢なんか、あまり知らないほうがいい」みたいなところも、ちょっとあるんじゃないかな。

世界で紛争《ふんそう》がいっぱい起きとるじゃない？

矢内　はい。

籾井勝人守護霊　これに「善か悪か」の価値判断をするのは、ＮＨＫにはでけへんからさあ。だから、あんまり取り扱《あつか》いたくはないのよ。世界の大勢《たいせい》が決まったら、まあ、それについては報道してもええけど、分からんのよ。

軍部とぶつかるとか、いろいろやってるのがあるじゃないですか。それがいいのか悪いのか分からないのよ、ＮＨＫは。そうなんだよなあ。うーん。

矢内　そのＮＨＫを観て、日本国民が、世界のことを知らないまま、国内問題ばかり知らされていることによって、投票行動で間違《まちが》った判断をしてしまうかもしれません。

籾井勝人守護霊　うーん。

矢内　今、国際的、外交上も危機を迎《むか》えている日本において、やはり、ＮＨＫが、日本の国際化に向けて、そのあたりの情報の部分について、ぜひダイナミックに改革していただきたいと思います。

籾井勝人守護霊　ほんと、国内問題ばっかりというか、だいたいねえ、外国の放送局みたいに、危険地帯まで行って取材してくるだけの度胸もないで。だから、向こうの政府が協力して、ガイドみたいなのが付いて案内してくれるところだけ、たまにやるぐらいで。それ以外のところ、危険地帯に当たるところは、もう、ほとんど行かない。あとは外国の放送から、ちょっとつまみ食いして、間接的に放送する程度だよな。

まあ、日本人が、国際情勢に疎《うと》くて英語ができんのも、たぶん、これと関係あるんちゃうかな。

矢内　そうですかね。

籾井勝人守護霊　うーん。国際問題について、関心が低いんだよなあ。

矢内　ええ。

ＮＨＫレポーターに海外の人と喧嘩《けんか》できるほどの英語力はない

矢内　籾井会長は、商社マンとして全世界を飛び回っておられましたので、そういう国際人の視点から、ＮＨＫの偏向報道あたりの問題について、ズバッとご意見を述べていただきたいと思います。

籾井勝人守護霊　いやあ、やっぱりなあ、英語が下手なんや、基本的には。対等に話ができんから、現地のやつをレポートができんのやな。
現地から日本語で送ってくるじゃない？　ワシントンからとか、自分だけでな。

現地の人と話してるところを流したりでけへんからさあ。負けちゃう。口数は三分の一しかないからさ。

それと、日本人をいじめるような感じの突《つ》っ込みを、外人に対しては、ようせんからさあ。まあ、情けないわな。本当の意味での交渉《こうしょう》はでけんのだよな。喧嘩《けんか》もでけんのや。なあ？　英語で喧嘩でけへんのだよ。だから、取材力もないんだよ。「向こうが、こう言ってきたら、こう言い返す」みたいな、これがでけんのだよ。「ああ、そうですか」と言うて、黙《だま》って引き下がってくるからさあ。ニュースにならへんのや。うん。

高間　そういった激しい交渉のバックボーンにあるのは、やはり、信念であり、もっと言えば「信仰《しんこう》」だと思うのですが。

籾井勝人守護霊　うん、信仰？　うーん……。

5 「皇室」と「自衛隊」のタブー

皇族の呼称《こしょう》を一般《いっぱん》国民と同じ扱《あつか》いに変えてしまったNHK

高間　今日は、「タブーにすべてお答えする」という副題が付いていますので……。

籾井勝人守護霊　おお、何でも来いや！

高間　NHKの「皇室に関するタブー」というものもあるんですよね。

籾井勝人守護霊　ああ、皇室か。あんまり考えとらんかったな。そうやなあ、皇室か。

高間　『ＮＨＫはなぜ幸福実現党の報道をしないのか』（前掲書《ぜんけいしょ》）のなかでも、大川総裁が指摘《してき》されているのですけれども、皇族のみなさまの呼称《こしょう》について、ＮＨＫでは、今、「皇太子さま」と呼んでいるのですが、以前は、ＮＨＫでも「皇太子殿下《でんか》」と、ちゃんとした呼称で、お呼びしていたと思います。

粉井勝人守護霊　おお！　「さま」になったら、朝日と一緒《いっしょ》か。

高間　ええ。だから、いつのまにか、一般《いっぱん》国民と同じ扱《あつか》いになっているのですよね。

粉井勝人守護霊　ああ。

高間　「皇室を尊崇《そんすう》し、その連綿とした歴史に対し、やはり、誇《ほこ》りを持っていこう」

ということを、報道もしないし推奨《すいしょう》もしない。これをタブー視しているというところが、大きな問題としてあると思うのですが。

籾井勝人守護霊　うーん。

二〇一六年大河《たいが》ドラマに「持統《じとう》天皇」を提案？

高間　そもそも、籾井会長は、皇室に対しては、どういうお気持ちでいらっしゃるのでしょうか。

籾井勝人守護霊　皇室ねえ……。

高間　このあたりについて、本音を語っていただけるとありがたいのですが。

籾井勝人守護霊　皇室は、あんまり考えたことがなかった。すまんなあ。これはちょっと、これから考えをまとめないかんところやで。あんまり考えんかったな。

まあ、田舎《いなか》から出たあと、世界ばかり見ていたから、日本の皇室のことは、あんまり考えたことがなかったんで、すまんなあ。日の丸ぐらいまでは意識はあったんやが、そこまではあんまり考えてなかったんでな。うーん、そうやなあ……。

すまんけど、もうちょっと、こう、「これについては……」ってこう、何か、もうちょっとブレイクダウン（細分化）してくれんかなあ、うーん。

高間　ああ、そうですか。それでは、例えば、大河《たいが》ドラマを観《み》ても、これまでの大河ドラマで、主人公が歴代天皇だったことは、一度もないのです。

籾井勝人守護霊　なるほど。ふーん。

高間　これも、実は、あえて扱わない。

籾井勝人守護霊　ああ……。

高間　ドラマにふさわしい英雄《えいゆう》的な天皇は数多く存在するにもかかわらず、基本的には扱わない。これも、今、タブーだと思うのですね。

籾井勝人守護霊　うーん……。

高間　そこで、私からの提案なのですけれども、大河ドラマの主人公に、ぜひ、非常に功績のある歴代天皇を取り上げられたらいかがでしょうか。

籾井勝人守護霊　なーるほど。そういう……。

高間　例えば、二〇一六年度は持統帝《じとうてい》を取り上げるとか……。

籾井勝人守護霊　持統天皇を？

高間　ええ。取り上げるとよいのではないかと思います。

籾井勝人守護霊　うーん。

高間　激動の時代を、リーダーシップを持って生きわたった女性ですし……。

籾井勝人守護霊　持統天皇……。うーん……、うーん……。

●持統天皇〈645 ～ 702〉天智天皇の子で、天武天皇の皇后となり、天皇と皇太子の死後、即位。藤原京を造営した。文武天皇に譲位後は初の上皇となる。

高間　今後、三年間の任期で、どんどん、すぐに取りかからなければいけないものもあると思いますが、大川総裁の書籍《しょせき》も含《ふく》めて、しっかりお勉強をしていただきたいと思っているのです。

籾井勝人守護霊　いやあ、NHKで、持統天皇について答えられる人、どれだけおるんだろうねえ。うーん……。まあ、解説委員レベルでは、ちょっと無理っぽいな。これは、どっかから学者を呼んできて解説させないと、まあ、たいてい無理やから、NHK教育のテーマになるねえ。一般にはそうやろね。これをドラマの主人公に持ってくると、どんなかなあ……。

持統天皇は、女やったっけな?

高間　もちろん、女性ですよ。

糺井勝人守護霊　調べたか。

高間　ええ。

糺井勝人守護霊　うーん、そうか。うん。

高間　とても立派な方だと思うのですけれども。

糺井勝人守護霊　うーん、そうやな。そんなの、もう、日本人は知らんのとちゃうかなあ、「女か男か」もな。

「元商社マン」としてＮＨＫの自衛隊報道をどう見るか

高間　それから、もう一つのタブーとして、やはり、「自衛隊のタブー」というものがありまして……。

籾井勝人守護霊　うーん……、まあ、それは、タブーではないよ。自衛隊は、今は、別にタブーじゃないよ。うん、うん。

高間　でも軍事や戦争の英雄を肯定的《こうてい》には取り扱わない。

籾井勝人守護霊　なるほど。

高間　唯一《ゆいいつ》、それが破れてきたのは、司馬遼太郎《しばりょうたろう》さんの『坂の上の雲』を、二〇〇九年にテレビドラマ化したところで少しずつ崩《くず》れてきてはいると思うのですが。

籾井勝人守護霊　ああ、それな。うんうん。

高間　国防の大切さや軍需《ぐんじゅ》産業の必要性、こういったことも、基本的に、まったく取り上げないところもあります。

籾井勝人守護霊　うーん。

高間　籾井会長は商社におられたということですが、商社であれば、当然、戦闘機《せんとうき》を輸入したり、軍需産業ともかかわり合いがあると思いますが、このあたりについてはどのようにお考えでしょうか。

籾井勝人守護霊　うーん……。国防、自衛隊……。確かに、自衛隊についての報道は、ちょっと足りんわなあ。

報道するのは、だいたい、災害救助みたいなところかあ？　あんなときに、「自衛隊が出ました」みたいなのは、たまにやるけど、軍事的な面についてはほとんどないし、ときどき、アメリカとの合同演習をやるみたいなのが、チラッと出たりすることはある。

「日高《ひだか》レポート」（民放のテレビ番組「日高義樹《よしき》のワシントン・リポート」）みたいな、あんな感じで、軍隊のなかへズバッと入ってやるようなところまではいかんよなあ。

だから、いちおう怖《こわ》がっとるのは怖がっとるのかなあ。

それと、専門家が内部にあんまりおらんので、外から雇《やと》ってこなきゃいかんのだが、外から来る人の思想的なチェックは、微妙《びみょう》に難《むずか》しいんでな。軍事にすごく詳《くわ》しい人は、好戦的な人も多いからさあ。それを出すのが怖いんだろうとは思う。

うれしそうに言われるとねえ、たぶん困るんだろう。「自衛隊で新しい○○が完成しました」「船が完成しました」「飛行機の新鋭機《しんえいき》ができました」「こんな性能がありますーみたいな感じでね。

「自衛隊と中・朝・韓《かん》の戦力比較《ひかく》」報道は可能か

籾井勝人守護霊　だけど、韓国《かんこく》や中国や北朝鮮《きたちょうせん》ならやりますよ。パレードとか、うれしそうに、いかにも強そうに見せるわな。

日本は、いかにそれを見せないか、弱そうに見せるか、影響《えいきょう》がなさそうに見せるか、変化がないように見せるかみたいなことをやってて、そういう意味での使命は、果たしてはおらんわねえ。

綾織　中国であれば、海軍の新しい船ができると、普通《ふつう》にそれを報道し、わざわざ自衛隊と同等レベルの船と比較《ひかく》して、戦力がどうなのかということを詳細《しょうさい》に報道していますよね。

籾井勝人守護霊　うん。

綾織　ＮＨＫも、これくらいできると、中国とのパワーバランスがようやく分かり、国民も啓蒙《けいもう》されるかたちになると思うのです。

籾井勝人守護霊　まあ、韓国や中国は、「自分らのほうが、自衛隊より、よほど優《すぐ》れている」と思うとるだろうなあ。でも、「（特定）秘密保護法」が通っちゃったからもう分からんだろうけどね。たぶん、もう、そのへんは出てこない可能性が高いけどね。

ＮＨＫのカメラとマイクが自衛隊へ入って取材したり、艦船《かんせん》に乗って取材したりするのは、今は自衛隊のほうが嫌《いや》がるかもしれないね。「マイナスになるんじゃないか」と思ってね。性能が何もないのなら報道も結構だけど、「こんな高性能が……」というのは、ちょっとやりにくい感じかなあ。

だから、「事故でも起こしてくれれば報道できる」っていうところですかね。

綾織　今までのパターンはそうですけどね。

粉井勝人守護霊　そうだねえ。いやあ、そらあまあ、かすかに、どこかで情報を集めてるだろうとは思うんだけど。

本当は、あなたがたがよく言う、「脅威《きょうい》」のところを比較して、「どのくらいで抑《よく》止《し》できるか」とか、「実際にやったらどうなるか」みたいなシミュレーション等は、確かに、民放では多少可能なところがあるし、海外のも可能だけど、NHKでやるのはちょっと苦しいんでね。

やれるのは過去の話ぐらいかなあ。「第二次大戦のときだったら、こんなふうな感じだった」みたいなのはできるかもしれないけど、現在に対して、確かに、解剖《かいぼう》ができないではいますねえ。うーん……。

6　NHKの左翼偏向《さよくへんこう》の「根っこ」はどこにあるのか

映画「永遠の0《ゼロ》」ヒットから国民感情の変化をどう分析《ぶんせき》する？

高間　自衛隊を肯定的《こうていてき》に扱《あつか》わないのは、基本的に、「命を犠牲《ぎせい》にする」ということに対し、「肉体生命以上に大切なものはない」と考えているところがあるからではないかと思うのですが。

籾井勝人守護霊　うーん……。

高間　そういう意味で言いますと、「肉体生命より大切なもの」を打ち出しているのは宗教でありまして、やはり、国民にとって、宗教はとても大切なものです。また、「新しく出たもの、古く出たもののなかで、今、どれが、国民にとって大切な宗教か」ということも、公平に扱う必要があると思うのです。

糀井勝人守護霊　うーん。

高間　その意味で、今、世界的に巡錫《じゅんしゃく》をされている大川総裁の活動を、NHKでも取り上げるということも含《ふく》めて、もう少し「宗教の必要性」「尊さ」というものを扱うことも、タブーを破る意味では必要なのではないでしょうか。

糀井勝人守護霊　うーん……。

高間　このあたりのことについて、糀井会長はどのように考えていらっしゃいますか。

籾井勝人守護霊　「命」のところやなあ。

わしは、ＮＨＫの番組をあんまり観《み》とらんもんで、もし見落としとったら申し訳ないとは思うけど。まあ、これから頑張《がんば》って観ようと……。あるいは、少なくとも、ダイジェストぐらいは観ようとは思うてはおる。

映画で「永遠の０《ゼロ》」っていうのが流行《はや》っとるじゃないか。甲板《かんぱん》に突《つ》っ込《こ》んでいった、名パイロットの教官の話、例の岡田准一《おかだじゅんいち》君がやったよなあ。あれだけヒットが続いてたら、ＮＨＫで特集を組んでやるべきことだ、普通《ふつう》はな。映画で、あれだけずっと一位を続けていたら、「日本の国論が変わってきているのではないか」。国民感情が変わってきているのではないかということは、一つのテーマだよなあ。本当はやるべきだとは思うんやけど。

まあ、わしは勉強がちょっと足りてないので、どっかで流したかどうか、よう知らんのやけど、あんまり取り上げたようには見えんのだが、どうだろう？

綾織　いや、基本的に、取り上げないと思うのですが、今回、経営委員会には、「永遠の0」の原作者の百田尚樹《ひゃくたなおき》さんも入られていますので、そのへんについては、だんだんメスが入っていくと思います。自分のものを「取り上げよう」などと、おっしゃらないとは思いますが……。

籾井勝人守護霊　うん、うん。ああ、そうか。いやあ、なるほどなるほど。

綾織　やはり、その偏《かたよ》った部分は正されていくのではないかと思うのです。同じ戦争映画でも「風立ちぬ」なら報道可能？

籾井勝人守護霊　だけど、たぶん、あちらのほうのさあ、例のアニメーターの、何だっけ？　あの人……、零戦《ゼロせん》を描いた……。

綾織　ジブリの……。

籾井勝人守護霊　アニメーター・宮崎駿《みやざきはやお》さんの引退作品の「風立ちぬ」で、零戦をつくった堀越《ほりこし》（二郎《じろう》）さんだっけ？

綾織　あっ、そうですね。

籾井勝人守護霊　「零戦を一万機もつくったが、最後はぜーんぶ潰《つぶ》れて全滅《ぜんめつ》した」みたいな、ああいうので、「反戦だ」と本人（宮崎駿）が言ってくれると、ヒットしているのに流せるんだよなあ。なんかそんな感じになってるから。

日本が破滅していくストーリーなら、別に構わないらしいなあ。

華々《はなばな》しくデビューした〝スター会長〟が語るＮＨＫ改革の抱負《ほうふ》

高間　やはり、ＮＨＫは、基本的に労組《ろうそ》体質で、先ほどおっしゃったＪＡＬ《ジャル》とまったく同じものですので……。

籾井勝人守護霊　そうなんだよ。そんな感じだなあ、ああ。

高間　籾井会長が、しっかりとした民意をＮＨＫに反映する、とても大切な窓口なのですよね。

籾井勝人守護霊　まあ、わしが……、民意を反映しとる人間かどうかは、ちょっと分からんけどなあ。

高間　民放であれば、視聴率《しちょうりつ》とかCMの入り具合とか、そういったもので変わっていくのですけれども、NHKの場合は、受信料徴収《ちょうしゅう》で運営されているので……。

粆井勝人守護霊　だから、もし、わしにNHK会長が務まるようやったら、たぶん、ナベツネさん（渡邉恒雄《わたなべつねお》氏）でもNHKの会長が務まるはずや。

高間　これをどう改革していくのか。特に、この労組体質をどう変えていくのか。このへんのご決意というか、意気込みをお聞かせいただきたいと思うのですが。

粆井勝人守護霊　（舌打ち）でも、やっぱりなあ、秀才《しゅうさい》は多いんやろうな。秀才が多いから、「引き算」で物事を考えて。だから、うーん……、そんなに減点を出さないように、減点を出さないように立ち振《ふ》る舞《ま》ってるように見えるわなあ。

高間　日産《にっさん》を改革したカルロス・ゴーンさんと同じぐらいのことをドラスティックにやらないと、変わらないでしょう。

籾井勝人守護霊　ああ、ああ。君ねえ、なかなか言うなあ。言うたな？（会場笑）「ゴーンをやれ」ってかあ？　わしを殺す気やなあ。よし！　ゴーン、ゴーン……。

高間　だから、〝籾井ゴーン〟となって頑張らないと……。

籾井勝人守護霊　籾井ゴーン……。うーん。

高間　基本的には、〝お飾《かざ》り〟に祀《まつ》り上げられて終わってしまうと思うんですね。

籾井勝人守護霊　いや、もう……、早くも、その作戦で、周りにあれですよ、塹壕《ざんごう》をいっぱい掘《ほ》られて、次には、もう、江戸《えど》城のお堀《ほり》かなんかになりそうな雰囲気《ふんいき》だな。

綾織　前会長も、事実上、ＪＲ東海の葛西敬之《かさいよしゆき》さんから送り込まれたと言われているわけですけれども、結局、ほとんど何もできずに終わってしまいました。

籾井勝人守護霊　いやあ、だから、ＮＨＫの会長なんか、みんな、顔も知らんし、思想も知らない。名前も覚えとらん人が、ほとんどやろ。わしみたいに、デビューから華々《はなばな》しく知られるって、珍《めずら》しいケースやなあ。

綾織　（笑）そうですね。

籾井勝人守護霊　〝スター会長〟なんて、めったに出るもんやない。

綾織　ぜひ、このまま〝スターの座〟を守っていただきたいと思います。

籾井勝人守護霊　そうなんだよ。わしがテレビに出て、一言しゃべりたいぐらいや、ほんまになあ。うーん、だから……。

矢内　「今回のああいう発言が、左翼《さよく》新聞等のマスコミや、左翼系の政党から攻撃《こうげき》を受けるというのは名誉《めいよ》なことだ」と思って、国民のために頑張っていただきたいと思います。

籾井勝人守護霊　うーん、ちょっと、朝日と一緒《いっしょ》で、社員教育の問題もあると思うんやけどなあ。

矢内　ええ。

籾井勝人守護霊　会社のこの流れを否定すると、拒否《きょひ》される感じになるんだろうとは思うけど。

いかに「ＮＨＫの労組《ろうそ》体質」にメスを入れるか

籾井勝人守護霊　確かになあ、まあ、東北の震災《しんさい》があってからあと、なんか、東北を応援《おうえん》する番組が多いのは事実やけど、それとさ、環境《かんきょう》問題と左翼とがつながっていってるような感じはあるよな。どう見ても、そう見えるよなあ。

だから、「弱い者のほうが正しい」っていう、沖縄《おきなわ》の問題なんかとも同じようにこう、「地域に被害《ひがい》があって、しわ寄せが来た」みたいな感じは出てるねえ。うーん……。

矢内　おそらく、内部的には、労組《ろうそ》、左翼のですね……。

籾井勝人守護霊　〝老荘《ろうそう》〟じゃない、労組だ。

矢内　ええ、「ＮＨＫの労働組合出身の人間が出世していく」というカルチャーがありますので、まず、そこに大胆《だいたん》にメスを入れていただきたいと思います。

籾井勝人守護霊　ＮＨＫ自体が労組みたいなもんなのに、なんで労働組合が要《い》るんだろうなあ。（ＮＨＫは）ほとんどそういうもんだからなあ。

高間　本当に、人数も多いですし、まず、目に見えるところからガチッと変えていかなければいけないと思うのですが。

粉井勝人守護霊　だからねえ、勘違《かんちが》いしてるんだと思う、インテリっていうのはやなあ。「政府を批判できるのがインテリや」と思うとんやけど、これはまあ、確かに、安保《あんぽ》世代的な考えに近いし、安保世代よりもっと前の「戦後」と言えば、「戦時体制の政府、軍部と癒着《ゆちゃく》した政府を批判できる人」が戦後知識人で、これが出発点だよな。

そのあと、安保のところでもそうだったし、安保運動は、基本的に〝あれ〟でしょう？　「アメリカはベトナム戦争をやったから悪で、だから、アメリカと縁《えん》を切って、中国に支配されよう」っていう運動が安保運動やな。まあ、そういうことやな。だから、「安保革命」に失敗した連中で、まだ、このマスコミの上のほうで溜《た》まっとるのがおるってことやな。

許しがたかった丹羽《にわ》・前中国大使の「自己卑下《ひげ》」体質

粉井勝人守護霊　話は変わるけどさあ、この前の中国大使でもさあ、伊藤忠《いとうちゅう》の会長をとった丹羽《にわ》さん？

綾織　丹羽宇一郎《ういちろう》さんですね。

籾井勝人守護霊　あれを送ったけど、あれ、左翼やなあ。

綾織　そうですね。

籾井勝人守護霊　全共闘《ぜんきょうとう》の旗振りをやっとった男やな。

綾織　やっていましたね。

籾井勝人守護霊　そんなのを承知の上で、民主党はあれを（駐中国《ちゅう》）大使で送って、ええこと何にもなかったよ、なあ？　思想的に似てるから、ええことが起きるかと思うたんやろうけど、その反対や。もう、全部の手の内を読まれて、ええように扱われて。

日系企業《きぎょう》を焼き討《う》ちされてさあ。そのあと、卑屈《ひくつ》にも、中国で盆踊《ぼんおど》りみたいのに出て、一緒に踊るみたいなこと、なんかやっとったなあ、あの丹羽さんは。

綾織　大使の車の日の丸の旗も盗《と》られてしまったり……。

籾井勝人守護霊　（綾織を指差して）旗！　そう、それそれ、そのとおりだ。旗を盗られたあとにだねえ、盆踊りみたいなのに出てた、あの「自己卑下《ひげ》」体質は許せん。伊藤忠、潰してまえ、ほんまに！（会場笑）腹立つぞ、ほんま。

綾織　（笑）

籾井勝人守護霊　あんなやつが会長になるから、ろくでもない会社になるんだよ。自分らの商圏《しょうけん》を拡大できると思って行ったに違いなしやけどさあ、「ご機嫌《きげん》を取ったら商圏が取れる」と思ったんやろうけど。

ときには報道機関としてフットワークを利《き》かせた攻撃《こうげき》を

籾井勝人守護霊　やっぱりなあ、わしは、「国営放送」……って言ったら、また怒《おこ》るんか、え？　ＮＨＫとしては「公営放送」かもしらんけども、もちろん、（日系企業が）焼き討ちされたところについては、国際的にも報道されたから、まあ、流したけども。何て言うの、攻撃《こうげき》兵器になってないよね？　この報道がね。やっぱり、報道っていうのは武器だからさあ。

綾織　あの暴動のときも、「ＮＨＫでは、日本が尖閣《せんかく》諸島を国有化したから、日中関係が悪化しました」という因果《いんが》関係での報道をずっとしていましたよね。

籾井勝人守護霊　うーん、うん。

綾織　もう、明らかに、「日本が悪かったために、日中関係が悪化したのだ」という報道でした。

籾井勝人守護霊　わしは不愉快《ふゆかい》だから、その、NHKの放送はあんまり観てないんやけどなあ。

綾織　（笑）

籾井勝人守護霊　まあ、すまん。これから勉強をするけども、NHKがいかに悪さをしたかについては、十分に知りかねる部分があるので。そんな不愉快なものは見たくないから、そんなには観てないけどな。

まあ、暴動が起きてることぐらいは、それは、国際感覚として、よう知っとったけど。やっぱりさあ、政府だけに「遺憾《いかん》の意」なんていう感じでやらすんでなくて、報道機関としてフットワークを利《き》かしてさあ、何か、たまにはこう、アンダースローでもええから、ちょっとは球を投げ込まないといかんのとちゃうかねえ。

矢内　そうですね。

「中国のデモ隊が警官から支給品受け取り」の事実を報道せよ

矢内　中国の問題に関しては、ほとんど、中国共産党の主張を垂れ流ししているというのが現状です。

籾井勝人守護霊　そうなんだよなあ。日本の景気をあれだけ下げて、本当に損害賠《ばい》償《しょう》したんかどうか、その後どうなったんか、ちゃーんと数字を挙げて説明してほしい。責任者は誰《だれ》だったのか。それは処分されたんかどうか。ちゃーんと追及《ついきゅう》してほしいわなあ。

矢内　そうですね。

籾井勝人守護霊　できないんだろう？

矢内　ええ。

籾井勝人守護霊　そういうのは流せないんだろう？

矢内　ええ。

籾井勝人守護霊　うーん。だから、「デモが始まる前、テレビ画面に流れる前に、警官隊から何かいっぱい支給品があった」っていうわな。デモ隊に支給品がいっぱい出て、それをもらってやっとったっていう話やからさあ。本当は、あのあたりをスクープせなあかんのや。

綾織　ＮＨＫも、そういう映像は撮《と》っているはずです。

籾井勝人守護霊　うーん。撮ってるかもしらん。

綾織　でも、それは、絶対に放送しないわけですよね。

籾井勝人守護霊　規制するやろ？

偏向《へんこう》報道の具体的事例を指摘《してき》する籾井氏守護霊

籾井勝人守護霊　だから、これはね、日本では、君ら、幸福の科学を、なんで報道せんかっていうと……。

綾織　幸福実現党ですね。

籾井勝人守護霊　そのー、君らが、あれだよ、「オスプレイ賛成デモ」とかいう珍しいのをやったり、それから、「辺野古《へのこ》移転賛成デモ」とか、「集会」とか、いろいろやっておるんだろうと思うけど、そんなものについては報道がないだろう？

矢内　ええ、まったく報道しませんね。

糀井勝人守護霊　まったくないやろ？　反対住民のあれだけはして、賛成側についての は報道しないでしょう？

矢内　おっしゃるとおりです。

綾織　人数において、こちらが多かった場合でも、報道しないところがあります。

糀井勝人守護霊　そうだ。人数が少なくても、左翼系のやつだったら、報道は必ずするんだろう？

矢内　ええ。こちらは何百人のデモで、左翼のほうは数十人のデモとか抗議《こうぎ》であっても、NHKは左翼のほうをドーンと大きく放送しますね。

籾井勝人守護霊　いやあ、あれは、衆院選だったかなんかのときの、経産省前にテント張って原発反対のあれをやってるのは、よう流れとったけどさあ。あんたらが、それを〝ぶち壊《こわ》し〟に行ってるやつは流れないでいたんだろう？　あんたら、やっとったんやろう？

矢内　ええ、そうですね。

籾井勝人守護霊　それは、流さないんだろう？

矢内　はい。まったく無視しますね、この保守的な活動に関しましては。

籾井勝人守護霊　だからなあ、全然、公平・中立でないわなあ。

公平・中立な報道姿勢で、なすべきこととは

籾井勝人守護霊　でも、現実はどうかっていうと、やっぱり、安倍《あべ》政権をはじめ、みんな、原発再稼働《かどう》のチャンスを目指して動いとるし、韓国《かんこく》や中国は、原発なんか全然止《と》める気ないよねえ。やりまくってるねん。どんどん、つくる気でおるんだからさあ。

あっちで事故を起こされたらどうなるのよ。中国で原発事故を起こされたら、全部来るよ。黄砂《こうさ》だけでないよ。放射能は、こっち来まっせ。

そんなに怖《こわ》がっとるんだったら、それは中国にもクレーム付けないかんわなあ。「つくるの、やめてくれ」って。つくる前に空爆《くうばく》して壊さないかんね、その原発は、ほんまに。ねえ？　そうだろう？

矢内　中国は、これから三百基近くつくると計画していますから。

籾井勝人守護霊　困るよなあ。なんで、日本だけ止めないかんのや。あれが、わしは理解できんわ。この神経、教えてくれや。なんで、せないかんのや。

矢内　確かに、今、日本ではゼロに向ける動きもあります。

籾井勝人守護霊　だから、そうやって、つつかれるからやろう？　「ゼロ」と言わないと、なんか、いかんような、時代に後《おく》れるような、そういう風潮をつくるんだろう？　この報道は、ちょっと狂《くる》うとるわなあ。絶対に狂うとると、わしは思うわ。いや、あのねえ、「世界をクリーンにするために、地球をクリーンにするために、日本をゼロにしましょう」という意見はあってもいいと思うよ。わしはいいと思う、公平にね。

ただ、それなら、「韓国や中国が、こうなってますけど、これもやめてもらいたいもんですなあ」と、やっぱりこれはねえ、あのー、あれは今、アナウンサーって言わんのや。今、何ちゅうのよ、あれ？　アナウンサーかねえ。あっ、キャスターか。そのキャスターは、やっぱり、それを言わなあかんと思うなあ。

「中国で、これだけつくろうとしてるのに、どうにかならんもんでしょうか。日本だって、これだけ努力してるのに、そういう努力の方向が見えませんねえ」ぐらい、（コメントを）一《ひと》くさりさあ。よく民放でも、最後にクニャッとひねるやつ、やってるじゃないの。あれくらいやらなあかんよなあ。

綾織　そこを、ぜひ、正論でやっていただきたいと思いますね。

籾井勝人守護霊　うーん。でも、フェアでないよなあ。

なんで、彼らはオッケーで、日本は駄目《だめ》なの？　うちは、これは奴隷《どれい》国家なわけ？　日本っていうのは。

7 「歴史問題」を今後どう扱《あつか》うのか

籾井氏に「悪い噂《うわさ》」が少なかった理由は？

綾織　やはり、「ものを言うＮＨＫ」になるためには、歴史問題について、しっかりと……。

籾井勝人守護霊　うん？　何？

綾織　歴史問題です。

籾井勝人守護霊　ああ、歴史問題ね。

綾織　これについて、しっかりと、ものを言う必要があると思いますし、この霊言《れいげん》が書籍《しょせき》になって出たときには、NHKの職員の方々にも読んでもらうという前提で……。

籾井勝人守護霊　いや、それは、まだ、わしが会長に留《とど》まっとったらの話かもしらんけども。

綾織　ぜひ、頑張《がんば》っていただきたいと思うんですけども。

籾井勝人守護霊　大丈夫《だいじょうぶ》か。一生懸命《いっしょうけんめい》、みんな、わしをノコギリで挽《ひ》いたろうと思って頑張ってるからさあ。

矢内　国民、みんな応援《おうえん》してますから。

籾井勝人守護霊　一生懸命、わしの過去の悪事を暴《あば》こうとして、いろんなものが今、ウジャウジャといろんなものが入ってくるよ。「おまえのことを聞きにきたぞ」っていうのが、いっぱい入ってくるんだよ。

綾織　ただ、一生懸命、取材したわりには、そんなに悪いことをされていないような（笑）……。

籾井勝人守護霊　そうなんです。商社マンっていうのは、基本的に〝悪い〟ことしかやってないからさあ。みんな、同業他社も同じことをやってるから、みんな、何も……。「いやいやいや、それはもう普通《ふつう》の人であって」と。「普通の人で」っていうのは、だいたい、まあ、みんな一緒《いっしょ》だよな。だから、そんなことは言わないもんだよ、紳士《しんし》はな。言わない。

シーレーンを押《お》さえられたら日本は再び危機に陥《おちい》る

綾織　それはちょっと置いときまして、歴史観のところで、NHKの方々にも、会長のお考えを学んでいただきたいという意味で……。

籾井勝人守護霊　ちょっと、わしもなあ、そんなに歴史に詳《くわ》しくないんで、ちょっと弱点は、あることはあるんやけども、まあ。

綾織　やはり、先の日本の戦争を大局的にどう見るかっていうところが大事だと思うのです。基本的に、どのように考えておられますか。

籾井勝人守護霊　ああ、それは、やっぱりねえ、「鉄鉱と石油」だよな、基本的には。鉄鉱と石油がないと、どうにもならんのや。鉄鉱と石油のところで、備えが十分でなければ、有事のときには、どうにもならんわなあ。

だから、やっぱり、そこのところは大事だと思うので、うーん、これは分かる。これは、よう分かる。

綾織　実際に禁輸ということで、日本は締《し》め出されてしまったわけですけれども、基本的には、「それに対する自衛の戦いという部分があった」ということでよろしいですね？

籾井勝人守護霊　いやあ、だから、NHKが、いちばんいかんというのは、君らがよく言うとるらしい、台湾海峡《たいわんかいきょう》あたりのシーレーン？

矢内　バシー海峡ですね。

籾井勝人守護霊　あのあたりのねえ、中国の海南島《かいなんとう》辺りから出てくる艦隊《かんたい》を強化しようとして、今、フィリピンのへんまで全部、「核心的《かくしん》利益」に持っていこうとしているんだろうけど、あのへんの海を全部取られたら、もう通れないじゃん？　ねえ？　基本的に通れなくなるからさあ。

矢内　先の大戦でも、日本は、最終的にシーレーンを押《お》さえられて対立しましたから。

籾井勝人守護霊　そうなんだよ。いや、だから、君らは正しいよ。石油も止められて、ガスも止められて、原発も止められたら、あとは木炭ぐらいしかないじゃない。日本が自給できるものっていったら、あとは、石炭が少しぐらいはあるかもしらんけども、これではきついよねえ。

矢内　中国は、明らかに、海洋進出をして、日本のシーレーンを押さえようとしていますね。

籾井勝人守護霊　考えとしては、止めようとしているよ。そうしたら、日本をもっと弱らせられるに決まってるからさあ。

矢内　ええ。

籾井勝人守護霊　だから、燃料費なんか、もっともっと上がるよ。まあ、警備をしてもいいけど、警備しきれるかどうか分からんねえ。警備できないかもしれない。

自衛隊を付けたって、警備になるかどうか分からないし、コストもかかるしなあ。

これを、燃料代に転嫁《てんか》するわけにもいかんし……。

アジアを視野に入れていないアメリカに疑問を呈《てい》す

籾井勝人守護霊　ただ、「米軍が、ずっと日本の警備員をやってくれるか」って、やっぱり、それには信じがたいものがあるね。

とにかく、オバマのケチぶりはすごいからねえ。アメリカは、もうすぐ鎖国《さこく》するのと違《ちが》うかな。

綾織　今回の一般《いっぱん》教書演説のなかでも、アジアについては、ほとんど触《ふ》れられなかったので、「もう、関係ない」というスタンスだと思います。

籾井勝人守護霊　もうほとんど「死《し》に体《たい》」だからさあ。みんなの関心は、「オバマの次は誰《だれ》か」のほうに移ってしまってるので、あれは、もういかんね。何にも解決能力なしや。シリアでも、ロシアに負けたし、イランにだって、もう何もする気がない。イスラエルが勝手にグチャグチャ言うとるだけやろう?

まあ、オバマも、タイには、少しぐらい口を出したかもしれんけどな。ただ、オバマの下の者もいかんわねえ。

高間　ケリー（国務長官）ですね。

籾井勝人守護霊　うんうん。あのあたりは、もうひどいねえ！　どうしてあんな抜《ぬ》けたのが要人《ようじん》に上がってくるのよ。

アメリカも人材がおらんのと違うかなあ。わしほどの人材がおらんのかのう！　ほんまに。

綾織　そうですね。

ＮＨＫが「吉田松陰《よしだしょういん》の妹」を大河《たいが》ドラマの主人公にする意図とは

綾織　そのように、アメリカが後退していくなかで、日本の国民には、やはり、もっと国防意識を持ってもらわないといけないわけですが、これに関しては、ＮＨＫの報道が大転換《だいてんかん》しなければ、なかなか難しい面があると思います。

籾井勝人守護霊　（ＮＨＫは）戦争ものをやったとしても、どうせ、負けた戦争のばっかりやるからなあ。歴史物のフィルムを回しても、「こんなに負けました。ボロ負けです」みたいなのばっかりだし、特攻隊《とっこうたい》についても、撃《う》ち落とされてる映像ばかり流すじゃない？

綾織　はい。

矢内　ＮＨＫでは、「犬死にだった」というような言い方ですよね。

籾井勝人守護霊　そう。だけど、アメリカ側が流すのは、撃ち落とした映像ばかり流すに決まっとるんや。自分らが被害《ひがい》を受けた映像なんか、そんなもの（笑）、出すわけないもんね。全然ねえ。

綾織　その意味では、まあ、先ほども、少し大河《たいが》ドラマの話題が出ましたが、来年の二〇一五年は、吉田松陰《よしだしょういん》の妹を主人公に置くわけですけれども……。

籾井勝人守護霊　なんで松陰を主人公にせんのや？

綾織　そうですね（笑）。

粉井勝人守護霊　なんで妹なんやろうか。

綾織　そこにも、少し問題がありますが……。

粉井勝人守護霊　逃《に》げとるんやろうね。たぶん、逃げとるんやろうな。

綾織　そこで、「吉田松陰を、どう描くか」や、「彼女が嫁《とつ》いだ先である久坂玄瑞《くさかげんずい》を、どう描くか」ですが、まあ、結局、彼らは、「尊王《そんのう》思想」を持っていたわけで……。

粉井勝人守護霊　そうかあ。

綾織　「NHKが、こういう部分をどう描いていくか」というのは、すごく大事だと思います。

籾井勝人守護霊　ああ、そうか。批判が出とったなあ。坂本龍馬《さかもとりょうま》の（ドラマ）だって、人気はそこそこあったらしいけど、龍馬の尊王思想が、全然、出ていない。

綾織　まったく出てきませんでした。

籾井勝人守護霊　ああ。だから、あのへんは、少し問題やな。

綾織　はい。これは、やはり、大東亜《だいとうあ》戦争の思想的源流でもありますので、「この大河ドラマで、どういう思想性を出すか」という問題はあると思います。

籾井勝人守護霊　まあ、それは、あれやと思う。たぶん、ＮＨＫはだなあ、「国及《およ》びその機関は、宗教教育その他いかなる宗教的活動もしてはならない」（憲法二十条）のなかの「国及びその機関」に入っておるつもりでいるんだと思うんだよ。

だから、「宗教の応援をしてはいかん」と思うとるので、おたくのことも応援せんけど、皇室だって、「宗教的な側面については触れたくはない」「尊王思想というと、いちおう宗教思想に当たるのではないか」というふうに見ている可能性があることはあるな。

うーん、そうかなあ。そうかもしらんなあ。

NHKは「日本の誇《ほこ》り」を取り戻《もど》せるか

綾織　吉田松陰のカリスマ性というか、まあ、ある意味での宗教性も入っていると思うのですが、「一年間で、そのあたりをどう描いていくか」というのは、国民に対しても、かなり影響《えいきょう》が大きいと思いますけれどもね。

籾井勝人守護霊　「妹の視点から描いたらどうなるか」って？　妹から見たら、「アホな兄ちゃんが、突撃《とつげき》ばかり繰《く》り返して、捕《つか》まってばかりいるので、家族がすごい迷惑《めいわく》し、悲惨《ひさん》な生活をしている」というような感じになるだろうね。そう思わんか？

綾織　そうかもしれないですね。

籾井勝人守護霊　そうすると、「過激な愛国主義的な行動をしたから、家族はみんな不幸になった。非常に苦しいなかで支えた」みたいな感じになりそうだねえ。

綾織　それを狙《ねら》っているのかもしれません。

矢内　今までのＮＨＫならば、おそらく、そうなると思います。

籾井勝人守護霊　そうなるよね。

矢内　ええ。

籾井勝人守護霊　「だけど、あとで花が咲《さ》いたのでした。はい、さよなら」っていう感じですかねえ。

矢内　やはり、日本の大和魂《やまとだましい》と言いますか、「誇《ほこ》り」の根幹の部分が大和魂にも通じておりますので、ぜひ、会長のお力で、大河ドラマもそういう視点から描いていただきたいと思います。

「日本の誇りを取り戻《もど》す」という視点は、日本を守る意味でも大事だと思いますが。

籾井勝人守護霊　うーん。君らも、なんか、すごくちっちゃい番組をつくっとるんやろう？　何だっけ？

綾織　「ザ・ファクト」というネット番組です。

籾井勝人守護霊　「ザ・ファクト」っていうの？

綾織　はい。

籾井勝人守護霊　あんなのを、中国およびその機関に替《か》えて、ＮＨＫに入れて、放送させてやりたいぐらいだのう。ほんまに。

綾織　そうですね。

籾井勝人守護霊　ああ。ＢＳでやらせてやりたいぐらいだよな。

綾織　ある意味でのＮＨＫの手本にならせていただければと思っています。

籾井勝人守護霊　まあ、でも、源流としては、たぶん、東大の文学部系あたりの強いのが、裏にいることかな。そのあたりの教育学部的な左翼《さよく》思想に染まっとるのが、だいぶいるのと、早稲田《わせだ》からも、だいたい、欲求不満組が来ていて、まあ、そんなのあたりが握《にぎ》っているんだろうからさ、中心的にはな。

籾井会長が打ち出す「ＮＨＫを面白《おもしろ》くする方法」

高間　また、大河ドラマの「龍馬伝」で、もう一つ問題になったのは、「三菱財閥《みつびしざいばつ》の祖である岩崎弥太郎《いわさきやたろう》が悪人風に描かれていた」ということです。

籾井勝人守護霊　あれはひどかった。いや、三菱が怒《おこ》っとったなあ、さすがにね。まあ、ええけどね。わしは、三菱の没落《ぼつらく》ぐらい、別にまったく構わないけど、さすがに、誇り高き三菱マンは、「〝先祖〟がニワトリを背負って売っておった」みたいなのにカチンと来て、「放映をやめてくれ」と言うとったみたいやな。

高間　基本的に、「商社マンは、悪どいことをして、ボロ儲《もう》けしている人種だ」と思って……。

籾井勝人守護霊　いや、金儲けが分からんのだよ。基本的に、分かってない。受信料みたいなものは、税金の仲間やから、それで食っとるやつには分からんのだよなあ。

高間　ＮＨＫの職員は基本的に、みんな、不況《ふきょう》が大好きな人種ですので、やはり、

「経済的な繁栄《はんえい》の素晴《すば》らしさ」というものを打ち出すのは、籾井会長の大事なミッションの一つだと思うのですけれども……。

籾井勝人守護霊　うーん。経済的に繁栄したかったら、面白《おもしろ》いのをやればいいわけだよな。それだけのことや。

面白い番組をつくって、まあ、そのときにはだなあ、特別受信料を取れるようにすればいいわけよ。

つまり、NHKも、「ペイチャンネル」にすればええねん。

綾織　ああ。

籾井勝人守護霊　だから、普通の番組は受信料のみで観《み》れるけども、「特に面白い時間帯の番組については、映画館に行く代わりみたいなものだから」ということで、そこはペイチャンネル風にできたら、取れるねえ。

8　なぜ中韓《ちゅうかん》の国益を代弁するのか

「国民は受信料を払《はら》ってよく付き合ってくれているな」と思う

綾織　今、受信料の話が出ましたけれども、やはり、この部分は、現在、国民の関心を呼んでいるところです。

戦後すぐの時代に設《もう》けた受信料制度を、どうしていくのか。つまり、「この制度を維持《いじ》していってよいのかどうか」ということです。

籾井勝人守護霊　うーん。

綾織　当時は、ほとんどテレビが普及《ふきゅう》していない時代で……。

籾井勝人守護霊　そうそうそうそう。

綾織　「テレビを設置したらお金を払《はら》ってください」ということでした。当時は、それでよかったと思うのですけれども、今の時代には、CSやBSなど、たくさんのチャンネルができてきたため、「NHKの受信料制度を守っていくのがよいことなのか」という判断があると思うのですが、どうお考えでしょうか。

籾井勝人守護霊　うーん、まあ、それもあるし、あと、NHKはスターをつくらないからさあ。要するに、民放のほうは、だいたい看板スターがいるから、みんな、それを覚えていて、観《み》ていることが多いけど、NHKは、スターをつくらないように、できるだけ無個性化して、覚えられないようなスタンスでやるからさ。

明日、突然《とつぜん》、入れ替《か》えても分からないような感じでやるし、面白《おもしろ》いことを言わないんでねえ。

いや、「よく付き合ってくれてるなあ」と思うよ。受信料を払っているから、もったいないので観ているだけなんじゃないかなあ。

綾織　面白くするためには、シンプルに、「民営化して、そういう楽しい番組をつくる」という方法があると思いますが……。

籾井勝人守護霊　昔、「よかった」と思うのは、ＮＨＫの「のど自慢《じまん》」ぐらいやなあ。あのくらいはよかったかもしらんな。あれは、田舎《いなか》のじいちゃん、ばあちゃんでも、よく観とったと思う。日曜に、「（評価の鐘《かね》が）『キンコンカン』と全部鳴るかなあ、どうかなあ」と、あれだけが楽しみで観とる人はおったけどなあ。

綾織　ええ。

籾井勝人守護霊　田舎では、ＮＨＫニュースもな、難しくて分からんのや。田舎の人には、あれは、「何を言っているんだろう」って、異国の言葉でしゃべっとるように見えるらしいなあ。

アナウンサーの面白《おもしろ》くないしゃべりを変えたい

綾織　ＮＨＫの事業体について伺《うかが》いたいのですが、ＮＨＫは、一局での収入が、七千億円ぐらいだと思いますが、それは、事業体としては世界最大規模のテレビ局です。

さらに、ＮＨＫの局員は、まあ、給料が高い低いと言うとよくないかもしれませんけれども、「平均で一千二百万円の年収を得ている」という情報もあり、外からは、「公共メディアとしては、少し異常性がある」と見られています。「この事業体そのものを、どう改革していくか」という問題もあると思いますが……。

籾井勝人守護霊　確かに、ほかのところはコマーシャル代を取っているから、タダで観れるもんなあ。

綾織　はい。

籾井勝人守護霊　それなのに、タダで観れないっていうところはなあ。うーん。

矢内　「七千億円近くのお金を、強制的に国民から集めておいて、日本の国益を損《そこ》なう放送をされたのではたまったものではない」というのが、多くの国民の本音だと思いますね。

籾井勝人守護霊　あるいは、日本人は、メンタリティーとして、ハッピーエンドが好きでないのかもしらんね。

悲劇とか、そういう不幸が好きなのかもしらん。もしかしたら、それで、そういう方向が出るのかもしらんとは思うんだけど……。

いや、でも、アナウンサーだか、キャスターだか知らんけど、（ＮＨＫの）やつらの報道は、実に面白《おもしろ》くないしゃべり方をするから、あれを変えたいねえ。

民放なんかさあ、選挙の報道でも、面白そうにやっとるやないかあ！　ＮＨＫ出身の人でも、民放へ行ったら、面白そうだねえ。

綾織　ＮＨＫ出身の池上彰《いけがみあきら》さんが頑張《がんば》っていらっしゃいますね。

籾井勝人守護霊　「うわあ、あそこ、グサーッと刺《さ》したなあ」って。

池上さんでも、そうやなあ、グサーッと刺してさあ。創価学会《そうかがっかい》なんかをいたぶったり、グニャグニャグニャーッとやってるじゃないの、なあ。

（民放の番組のなかで池上さんは）「バスが止まりました。『休みだ』と言って入れてくれません」なんて言ってやったりさ、「共産党本部に行きました。うわあ、こんな古いマルクスの『資本論』があって、『蟹工船《かにこうせん》』の初版本みたいなのがあって……」とか言って、「いかに、もはや終わった政党であるか」ということが、よく分かるのをやるじゃない、ねえ。

ＮＨＫには、あんな面白さがないもんな。あれは全然面白くないねえ。

綾織　「こういう新しい番組をやりたい」という、具体的なものはありますか。

籾井勝人守護霊　わしが報道したらええんちゃうかなあ。

綾織　ああ、ご自身で（笑）。

糾井勝人守護霊　うん。

綾織　では、もう本当に、キャスターとなる……。

都知事選が盛り上がらないのはマスコミにやる気がないから

糾井勝人守護霊　いや、本当ね、今は都知事選の最中やから、公平・中立でなかったらいかんと思うけど、ＮＨＫは国益を考えるんやったらやな、「こんなじいさん、なんで出した」とか、やっぱり、言うたらええねん。ほんまに。

綾織　なるほど。はい。

糾井勝人守護霊　なあ。そう思うよ。だから、今、（都知事選は）全然盛り上がってないでしょう。

綾織　盛り上がっていませんね。

籾井勝人守護霊　まったく面白くない。ね。もう、シラーッとして、これで本当に大丈夫《だいじょうぶ》かねえ。選挙として成り立つやらどうやら、ちょっと怪《あや》しいぐらいですよ。もう、都民のみんなが、完全にシラけてるよ。

綾織　候補者本人に、若干《じゃっかん》、やる気がないというのがあります。

籾井勝人守護霊　うーん。ニュースのほうも、あんまりやる気がないみたいだけどなあ。あれは、何にも面白くないんでしょ。
いやあ、だから、これがちょっといかんねえ。マスコミが面白くなくしてるんだったら、やっぱり、問題はあるね。それはあるべきだと思うね。

小泉《こいずみ》元首相のような〝ゲッベルス体質〟の政治家は批判すべき

籾井勝人守護霊　それと、やっぱり、小泉《こいずみ》（純一郎《じゅんいちろう》）さんなんかにも、もうちょっと突《つ》っ込《こ》んでもええと思うんだよね。あの人は、ちょっと問題あるよなあ。自民党総裁なのに、「自民党をぶっ壊《こわ》す」と言って、選挙で勝ったりとかさあ。「ぶっ壊して」って……。ぶっ壊れてないじゃないの。なあ。壊してないじゃんね。それから、「参議院で郵政の改革を否決されたら、衆議院解散する」なんて、もう、めっちゃくちゃなことをやっとった。それで、〝劇場型〟で、ウワアーッとやって人気取って、国民もおかしいけど、マスコミもおかしいんちゃうかねえ。ちょっとおかしいよなあ。

国営のＮＨＫであれば、あれはたしなめるべきだよな。

「ちょっとおかしいんとちゃいますか。参議院の資質の問題を問うなら、それは構いませんけど、なんで、衆議院をクビにせないかんのか。やっぱり、おかしいと思います」って言うべきだし、郵政改革して、ようなったのか、悪うなったんか、全然分からんねん。

ようなったんか、悪くなったんか、どうなったね、あれ？

綾織　結局は、改革したものの、後退していますので、ほとんど国営状態に戻《もど》ってしまっています。

籾井勝人守護霊　うーん。だから、ああいう人の「裏表《うらおもて》」っていうかなあ。何て言うか、そういう、「そのときの人気をパッと取れたら、グワッと支持率も取れて、票が取れる」みたいな？　ああいう体質の政治家が連綿と出てくるようではいかんのであって、あれは、まさしく、〝ゲッベルス体質〟なんやからさ。

綾織　はい。

●ヨーゼフ・ゲッベルス〈1897 ～ 1945〉ドイツの政治家。ナチス政権の宣伝相として、言論弾圧や文化統制を行い、プロパガンダで国民を扇動した。

籾井勝人守護霊　やっぱり、ああいうのは批判しなきゃいけないと思うよ。

外部の人材を起用するならどのようなタイプがよいか

綾織　今、内部で育ってきている人が、その仕事をするというのは、非常に難しいと思うのですが、逆に、籾井会長のようなかたちで、〝外の血〟を、キャスターやアナウンサーなどにも、どんどん入れていくというのはあると思うのです。

その点で、「この人を持ってくる」というイメージはありますでしょうか。

籾井勝人守護霊　うーん。やっぱり、逆に、「ＮＨＫから民放に天下《あまくだ》る」みたいな感じで異動してて、「民放に行くと、自由にしゃべれるようになって、きれいになって、面白いことを言い始める」っていうような、なんか、そんな感じだよなあ。

綾織　はい。

高間　そうしましたら、例えば、今、〝失業中〟の、みのもんたさんを連れてくるというのはいかがでしょうか。

綾織　それは……（笑）。

籾井勝人守護霊　みのもんた……。いや、みのもんたがやるんやったら、わしがやるわ。それは、やっぱり、わしのほうが見識があるかもしらんなあ。

みのもんたの番組は、ほとんど観たことない（笑）。わしは、よう知らんのやけど、そんなに面白いんかい？

綾織　あるいは、櫻井《さくらい》よしこさんのようなタイプの方を、ＮＨＫで起用されるというのは、すごくよいと思うのですが。

籾井勝人守護霊　うーん。視聴率《しちょうりつ》が下がるんちゃうか。ちょっと、なんか……。

綾織　まだまだ人気はあると思います。

籾井勝人守護霊　ああ、そうかい。でも、やっぱり、もうちょっと若いほうがきれいなんちゃうかなあ。

看板番組「クローズアップ現代」に対する気がかり

高間　それから、二十年以上続いている、「クローズアップ現代」という看板番組があります。

籾井勝人守護霊　あれなあ。あれ、ちょっと気になっとるんや。

高間　こちらも、七時のニュースのあとなので、視聴率も非常に高いです。

籾井勝人守護霊　いやあ、気になっとるんや、あれなあ。

高間　ただ、偏向《へんこう》番組の象徴《しょうちょう》のようにも思えるのですが、このあたりについてはいかがでしょうか。

籾井勝人守護霊　うーん。いやあ、それはなあ、渡部昇一《わたなべしょういち》さんなんかも、あの、アナウンサーの……。

高間　●国谷裕子《くにやひろこ》さんですね。

●国谷裕子〈1957 ～〉ＮＨＫ報道番組「クローズアップ現代」開始時からキャスターを務める。2011 年、放送 3000 回を迎え、日本記者クラブ賞を受賞。

籾井勝人守護霊　ああ、「あれは左に寄っとって、左翼《さよく》だ」と言うとるわなあ。うーん、まあ、有能な人なんかもしらんけど……。

よう働いとるっていうから、イチローみたいに「番組を重ねている」っていう意味では、よう頑張っておるんやとは思うけど、やっぱり、ときどき変なのがあるように見えなくはないなあ。

まあ、「ＮＨＫの左翼の象徴」っていう説も、一部あるんでね。

彼女はアメリカに留学したはずなんやけど、アメリカに行って、アメリカのナショナリズムを浴びて帰ってくると、日本は〝賊軍《ぞくぐん》〟に見える。もう、会津《あいづ》みたいに見えるわけ。

だから、「日本を批判するのが正義」みたいに見えてくるし、その根底には、「日本ファシズム観」、あるいは、「ナチズム観」みたいなのを、持ってるんじゃないかとは思うねえ。

まあ、彼女の意見だけで、どれだけ番組をつくれるかは、ちょっと知らんけどね。

ＮＨＫの職員は「保身に走っているだけ」？

矢内　私がぜひ、会長に期待したいことは、「公共放送としてのＮＨＫの使命とは、いったい何か」というところです。

公共放送の使命は、最終的には、「日本という国の国益を増進する」ということ。それは「国民の幸福」そのものだと思うのですが、ただ、ＮＨＫの現状は、日本の国益ではなく、「中国の国益」「韓国《かんこく》の国益」を重視するというように勘違《かんちが》いしている職員が、非常に多いのではないでしょうか。

籾井勝人守護霊　勘違いしてんのかなあ。

矢内　ええ。それが、多くの方の認識だと思います。

籾井勝人守護霊　いやあ、保身に走ってるだけのような感じはする……。勘違いしてるんじゃなくて、保身してるような感じがあるのと、あれは、なんか、「飯《めし》が食《く》える」っていうのもあるらしいから。

自分らで、「ここを攻撃《こうげき》してください」ってやって、向こうが攻撃してくれたら、「うわあ、攻撃されました。大変です」って言って騒《さわ》いで、それで視聴率を稼《かせ》いでるつもりでいるんかもしらんけどね。もっと、ディベート術を学ばないといかんねえ。

中国に反論するために必要なのは「語学力」

綾織　ぜひ、ＮＨＫに転換《てんかん》していただきたい部分としましては、国際放送のところです。

籾井勝人守護霊　うーん。

綾織　今、安倍《あべ》政権になって、ようやく、各国の大使が、ちゃんとメディアに出て、中国に対する反論をし始めました。

籾井勝人守護霊　うん、うん。

綾織　例えば、イギリスであればイギリス、アメリカであればアメリカの国民に、「中国の首相と日本の首相の両方の話を聞いてもらえるようにしよう」ということでやり始めました。これは素晴《すば》らしいことだと思います。

しかし、NHKは本来、その仕事を国際放送ですべきだと思うのです。

籾井勝人守護霊　うん、うん、うん。

綾織　今は、その逆で、中国の立場、韓国の立場だけを報道してしまっているので、ぜひ、ここの転換をお願いしたいと思います。

籾井勝人守護霊　そうそう。まあ、安倍さんも、自分でちょっと反論し始めておるし、菅《すが》（官房長官《かんぼう》）さんなんかも、意外にしたたかになって、反論し始めたりしてるとは思うんだけど、確かに、言論機関が言わないといかんところはあるわなあ。従軍慰安婦《じゅうぐんいあんふ》の像とか、アメリカにもいっぱいつくってるけど、やっぱり、それに対しては、基本的に、日本人として怒《おこ》らないといかんのじゃないだろうか。

綾織　そうですね。

籾井勝人守護霊　そんな、事実の曖昧《あいまい》なものに基《もと》づいて、アメリカ人を洗脳しようとしてるっていうのは、実に悪い、悪質なやり方で、それだけならまだいいけど、それを梃子《てこ》にして、ほかのものも狙《ねら》ってる感じがするからさ。

綾織　はい。

籾井勝人守護霊　それを梃子にして、日本を沈《しず》めてやろうとしてるところがあるじゃない。なあ。

綾織　はい、そうですね。

籾井勝人守護霊　「全部悪い。とにかく、日本がすることは全部悪い」って、こんなのは、まるで、統一協会《とういつきょうかい》の手法とそっくりだよな。

綾織　ああ、なるほど。

籾井勝人守護霊　一見して、やっぱり、これは、ちょっと問題あるな。アメリカ人まで騙《だま》されるし。まあ、中国人も、アメリカ人を騙すのはうまいけどなあ。だからねえ、向こうのほうに、だいぶ入り込まれてるね。やっぱり、それは、日本人がもう一段……。

まあ、だから、安倍さんの英語教育？　安倍さんとか、下村《しもむら》（文部科学大臣）さんとかが、もうちょっと英語教育をやって、英語をしゃべれる日本人をつくろうとしてるけど、それは、そのへんのことも考えてのことやろうし、私なんかを登用したのも、きっと、そのへんの関係があるんやろうとは思う。

実際は、何て言うか、（日本人は）語学力的に、すぐ黙《だま》っちゃうんだよなあ。引っ込んじゃって、打ち返さないからさ。ボワンと。

大川さんみたいに、何回も言いまくってる人もいるけどさあ。マスコミは、「恐《おそ》ろしゅうて、よう流さん」っていうのが、本当なんだろうと思う……。

9 「宗教のタブー」をどうするか

海外で活躍《かつやく》する日本人は職業に関係なくフェアに扱《あつか》え

綾織　今回、国際放送での就任挨拶《あいさつ》では、籾井会長は英語で挨拶をされていましたので、その先頭を切っていらっしゃると思いますが。

籾井勝人守護霊　聞けば、大川さんは、インドとか、ほかのアフリカとかでも、大きな講演会をやって、テレビで流れたり、いろんなものに……。

綾織　そうですね。その国の国営放送で報道されています（注。二〇一一年にはインド・ネパール、二〇一二年にはウガンダに巡錫《じゅんしゃく》し、そこで行われた説法《せっぽう》は、国営放送で生中継《ちゅうけい》された)。

籾井勝人守護霊　ラジオにも流れたりしたっていうのを聞いたけど、でも、日本には、そういう情報は入ってこないよなあ。現地の、例えば、デリーなんかは、支局が、みんな持ってますからね。

ああいう、「日本人が海外で活躍《かつやく》してる」みたいなものを、ちゃんと伝えないのは、やっぱり、フェアでないような気がするなあ。

綾織　はい。

籾井勝人守護霊　おかしいよ。

綾織　これは、仮に宗教というものを除いても、その国での、一つの社会現象だと思います。

籾井勝人守護霊　いや、あのね、政教分離《ぶんり》はあるかもしらんけども、「職業における差別」なんて、日本国憲法は認めてないからね。「その職業を持ってる人には、言論の自由も、出版の自由も、報道の自由も何にもない」みたいな、そんなことは定めてないからさ。それはちょっとねえ。海外で活動してるなんていうのは、別に、権力でも何でもないことであって、日本人で海外に通じる人が出るっていうのは、非常に珍《めずら》しいことなんで。

綾織　そうですね。

籾井勝人守護霊　だから、「理科系出身の人の研究の発表とか、スポーツ選手はいいけど、それ以外の、政治・文化系のやつは駄目《だめ》」みたいなのは、ちょっと問題あるわな。

綾織　そのとおりですね。ぜひ、その部分……。

籾井勝人守護霊　うーん。「活躍してる日本人がいる」っていうのは、大事なことやなあ。

綾織　はい。

籾井勝人守護霊　ちょっとねえ、これは、わしも反省を求めたいな。

いやあねえ、（大川隆法が）「イチローぐらいの世界記録に達した」と見たら、ぜひとも、なんか一発ねえ……。いや、これは、わしがおったらやけどな。

綾織　いえ、大丈夫《だいじょうぶ》だと思います。

籾井勝人守護霊　わしは短いかなあ。九カ月ぐらいで替《か》わっちゃうかなあ。まあ、短いかもしらんけども、もし、わしがおったらやなあ、「海外で活躍してる日本人は、職業の差別なく、フェアに扱《あつか》いなさい」っていうぐらいは言いたいですな。

綾織・矢内　ぜひ、お願いします。

「日本には精神性がある」と教えることが大事

籾井勝人守護霊　宗教のところがあるとね、「日本人はいやらしい」って言って、いっぱい攻撃《こうげき》してるところを、何て言うの、抑《おさ》える力があるんだよな。
いや、海外では、宗教っていうのは、メジャーですから、一般《いっぱん》には。
「キリスト教を信じてません」なんて言う、キリスト教文化圏《けん》の人というのは、こんなのはテレビに出れませんよ、恥《は》ずかしゅうて。「うわぁ、気持ち悪い」みたいな感じで、むしろ、差別されますから。「もう、ゲテモノか、宇宙人か」みたいな感じだけど。

（日本では）「信仰《しんこう》を持ってる」って言ったら、「うわぁ」って、それを差別する。やっぱり、それが「日本の拝金《はいきん》主義」とか、「エコノミックアニマル」とか言われてる原因なんだからさあ。「日本には精神性のところがちゃーんとある」って教えることが大事だと思うんだよ。

盗人猛々《ぬすっとたけだけ》しい韓国《かんこく》にＮＨＫは一撃《いちげき》ぶっ放せ

籾井勝人守護霊　中国から日本がもらったものばっかり（テレビで）やったりさあ、韓国《かんこく》と通じてきたみたいな……。

なんか、韓国はひどいな。対馬《つしま》のお寺から仏像を盗《ぬす》んだの？「元は韓国のもんだから、韓国のもんだ」っていうのは、裁判所も含《ふく》めて、もう、ぶった斬《ぎ》りたいぐらいの感じだよ。

矢内　「盗人猛々《ぬすっとたけだけ》しい」、そのものです。

粎井勝人守護霊　〝盗人竹島《たけしま》しい〟。ほんとねえ（会場笑）。まあ、腹立つねえ。あれは通じませんよ。あんなの通じないよ。あんなのねえ、一撃《いちげき》ね、やっぱり、戦艦《せんかん》大和《やまと》の主砲《しゅほう》みたいに、ちょっと、NHKの〝砲塔《ほうとう》〟からぶっ放さないと駄目だと思うなあ。

矢内　そうですね。

粎井勝人守護霊　誰《だれ》が考えたっておかしいですよ。昔つくったかもしれないけど、それは、ちゃーんと日本がもらって、あれしたんやったら、それは、日本のもんですよ。当たり前だよ。

綾織　当時、朝鮮《ちょうせん》半島では、仏教が排撃《はいげき》されていましたので、日本に避難《ひなん》してきたわけです。

籾井勝人守護霊　うん。なるほど。なるほど、なるほど、なるほど。うーん。

幸福の科学の教祖《きょうそ》はいつも「本音」でしゃべっている

高間　あと、ＮＨＫでは、神秘的なものは、なかなか放送テーマとしてそぐわないと自己規制しているところがあります。

籾井勝人守護霊　うん、いや、深海の生き物とか、そんなのはやれるよ。

高間　こないだ、ＮＨＫのＢＳで「超常現象《ちょうじょう》」という番組を二回シリーズでやっていました。初めて「テレパシー」とか、「生まれ変わり」とかをやっていたんですけども。

籾井勝人守護霊　昔なんか、Mr.マリックみたいな、あんなのがちょっと出てたんだけど。あれも目に見えるからな。ああいうのは。

高間　目に見えないものでも、やはり公正中立にトライしていくことが大事だと思うんです。

籾井勝人守護霊　うーん。だからねえ、今のスタンスは、絶対、変えないと駄目なのよ。今のスタンスを変えないと、大川隆法さんが、ＮＨＫに登場するときというのは、ホリエモンみたいになった場合しか考えられないですね。

ああいうふうに、「拘置所《こうち》に護送される」とかだったら、ヘリコプター飛ばして、上からザーッとやると思いますね。だけど、それ以外では、ちょっとありえない感じですね。

うーん、わしゃあ、この（幸福の科学の）教祖《きょうそ》は、何となく、〝ええ感じ〟がするわ。うん。本音でしゃべっとるよね、いつもな。わしも本音でしゃべるのが好きやからさ。嘘《うそ》をついてもさあ、そんなもん、時間の無駄じゃん。嘘の社交辞令の交換《こうかん》ばっかりしてて、こんな時間の無駄なのはやめたほうがええ。ズバッと本音で言って、「どうですか」って。これでいかないと、時間効率が悪いもんな。

綾織　はい。いいですね。ぜひ、「嘘のないＮＨＫ」をつくっていただければと思います。

矢内　「日本のために戦うＮＨＫの会長」になっていただきたいと思います。

NHKのニュースで「朝日の偏向《へんこう》報道」を伝えてはどうか

籾井勝人守護霊　だから、NHKだけじゃ面白《おもしろ》くない。朝日まで変えてしまいたいぐらいの感じがするなあ。

矢内　NHKが変われば、朝日も必ず変わります。

籾井勝人守護霊　うん。NHKがニュースで、「今日、朝日の偏向《へんこう》報道がありました」ってやったらさあ、もう、イチコロだよ。

綾織　いいですね（笑）。

籾井勝人守護霊　これ、堪《こた》えるよなあ、毎回やったら。

綾織　ぜひ、お願いいたします（笑）。

籾井勝人守護霊　「これは、かなり偏向してます。今日の産経と比べたら、こんなに違《ちが》いがあります。これでいいんでしょうか」みたいなのをやっちゃう！（机を叩《たた》く）このくらいは、やっぱり、解説員とキャスターでやるべきで、「なんで、こんなに違うんでしょうねえ」みたいなのをやったらええんだよな。やったら公正中立だよな。

綾織　ああ、いいですね。ぜひ、ご自身で〝やじうまワイド〟をやっていただけると……。

籾井勝人守護霊　うん。うん。「やじうまワイド」っていうんか。

綾織　（笑）はい。テレ朝でやっていました。

籾井勝人守護霊　うーん。あ、そうか。

矢内　朝日新聞は、NHKが偏向しているから、安心して偏向している部分があります。

籾井勝人守護霊　いや、秀才《しゅうさい》だと思ってるやつは、「秀才の立場っていうのは、権力を批判する立場であって、自分が全然尻尾《しっぽ》をつかまれないのが秀才だ」というふうに思ってるようなところがあるわけよねえ。

わしは秀才でねえからさあ。そのへんを、ちょっと、ぶっ飛ばしたい感じはあるんだよなあ。

「受験秀才《しゅうさい》で美男・美女」を採りたがるＮＨＫ

矢内　その観点から申しますと、今日は「タブーに突《つ》っ込《こ》む」ということなんですけども。

籾井勝人守護霊　もっとタブーがあった。もっと訊《き》け。まだ君らは、遠慮《えんりょ》しとるんとちゃうか。

矢内　（笑）ええ。

採用の部分にメスを入れたらいいと思いますね。やはり、受験秀才《しゅうさい》がＮＨＫに入りますので。

籾井勝人守護霊　ああ、採用ね。だからね、受験秀才で美男・美女を採りたがる気《け》があるね。な？

矢内　ＮＨＫには、そういう傾向《けいこう》があります。また、ＮＨＫの記者職や、製作関係の方は、本当にエリートですから、「受験秀才イコール左翼《さよく》的な自虐史観《じぎゃくしかん》」で、それをしっかりと学んだ人がＮＨＫに入っています。朝日もそうですが、そういう傾向があります。

そうすると、人事採用の制度については、「籾井会長のような方が、どんどんＮＨＫに入ってこられるような採用システム」というのも、ぜひ、考えていただきたいと思います。

籾井勝人守護霊　うーん……。倍率高いからなあ。まあ、テレ朝とかも倍率高いからねえ。就職偏差値はめちゃ高いからさあ。だから、選んでくると、消去法でいうと、やっぱり、「知識的によく知ってるやつ」と、「見てくれのいいやつ」と、「しゃべり方のうまいの」とかが残ってくる気はあるから。
わしみたいな顔だったら、採用では落ちるんちゃうか？　たぶん、これでＮＨＫを受けたら。

綾織　そうかもしれないですね。

籾井勝人守護霊　そうだろ。この顔では落ちるわなあ。

綾織　顔のことは言いませんけども。

籾井勝人守護霊　まず、顔で落ちると思うなあ。

綾織　ああ、そうですか。

籾井勝人守護霊　うーん。裏方っていう仕事もあるから、まあ、ええんやけど。たぶん、入れないような気はするから。入れない感じの人が会長で来てるから、下は腹立っとるとちゃうかなあ。

籾井会長は「NHKの採用」を改革することができるか

綾織　ぜひ、そのへんも改革をいただいて、これから……。

籾井勝人守護霊　採用ねえ。採用は確かに、パーセンテージをもうちょっと決めて、「こういうタイプをこのくらい」とか、なんかやらないかん感じはするのよ。いや(三井《みつい》)物産《ぶっさん》だって、どうせ俺《おれ》みたいのはさあ、想定外の採用だね。「ときどき、変なのを入れとけ」っていう感じで入れるんだろうと思うんだよな。

そういうのは、まあ、〝化《ば》ける〟こともあるからさあ。NHKだって、わしみたいなの入れときゃあ、そらあ、今ならシリアにだって行って報道してるかもしらんね。今のシリアに乗り込んでいって、現地から報道して、「CNNじゃありません。NHKです!」と言うて(笑)。「ジャパンです」って言って、ヘルメットをかぶってやってるかもしらんわなあ。でも、行きゃあしないよ、NHKはな。自衛隊以上に命を惜《お》しんでいるからね。

いやあ、改革したいけど、わしだけでいけるかどうか分からんなあ。君らに応援《おうえん》してもらうと、なんか、また怒《おこ》る人がいっぱい出てくるんやろうとは思うけど。

(机の上にある『NHKはなぜ幸福実現党の報道をしないのか』〔前掲書《ぜんけいしょ》〕を見て)うーん、なかなか、君ら、ええセンスしとんなあ。次は「NHKはなぜ、籾井会長の意見を反映しないのか」というのを、続編でまた考えたほうがええなあ(会場笑)。クビになる前になあ。

綾織　そうですね。引き続き応援をしていきたいと思います。

籾井勝人守護霊　うーん。まあ、わしのこれ（霊言《れいげん》）が、もし本になるようなことがあれば、ＮＨＫは黙殺《もくさつ》にかかってくるとは思うが、少なくとも週刊誌は黙《だま》ってないと思う。週刊誌ないしはスポーツ紙ぐらいは黙ってないと思うので、何らかの感じでは、知られてはくると思うから、わしをクビにしようとする圧力はいっそうかかってくる。

次は、「なぜ、あの会長の意見を尊重しないのか。このへんは、尊王《そんのう》の思想がないのと、まったく同じなんじゃないか」と、ちょっと、そのへんをぶち込んでいこうかなあ。

綾織　はい。

10　籾井会長の過去世《かこぜ》は？

「保守本流」のつもりで朝廷《ちょうてい》を守っていた幕末時代

高間　籾井会長のお言葉の重みや威光《いこう》を増すためにも、その「豪放磊落《ごうほうらいらく》さ」というのは、どのへんから来ているのか教えてください。過去の時代に生きたご記憶《きおく》などが、もし、ありましたら……。

籾井勝人守護霊　いやあ、それはなあ、ＮＨＫにも放送総局長とか、なんか局長がいっぱいあるけど、わしもそういう役職はもらったことがあるわなあ。

高間　「局長」ですか。

籾井勝人守護霊　うーん。

高間　それは、江戸《えど》末期の……。

籾井勝人守護霊　いやあ、わしはなあ、創業者なんや。「芹沢鴨《せりざわかも》」って知ってるか。

高間　あっ！　ああ……。

綾織　新撰組《しんせんぐみ》の！　ほおお。

籾井勝人守護霊　うん。だから、〝創業者〟なんや。

●芹沢 鴨〈1827 ～ 1863〉幕末の水戸藩浪士、新撰組（壬生浪士組）の初代筆頭局長。近藤勇、土方歳三、沖田総司らと壬生浪士組を結成。「八月十八日の政変」の警備に出動し、その働きを評価され、新たな隊名「新撰組」を拝命する。ただ、素行は粗暴だったことなどから、近藤一派によって暗殺された。

綾織　なるほど。

籾井勝人守護霊　いや、わしは朝廷《ちょうてい》を守っとった……。

綾織　ほおお。

籾井勝人守護霊　わしは保守本流のつもりやったんだからなあ。

綾織　そうとう乱暴な性格……（笑）（会場笑）。

籾井勝人守護霊　そりゃあ、そうだけど。

綾織　（笑）

籾井勝人守護霊　それはそうだ。だから、ぶった斬《ぎ》るのは好きなんやけども。局長や。間違《まちが》いなく、局長や。

綾織　なるほど。「尊王《そんのう》思想を持っている」と主張

籾井勝人守護霊　君らのところのやつなんかは、部下、部下。こんなもん……。

綾織　新撰組では、仲違《なかたが》いがありましたけども（笑）。

籾井勝人守護霊　もしかして、（会場を指して）これは、〝反乱軍〟とちゃうか？

（注。聴聞者《ちょうもんしゃ》のなかに新撰組幹部の過去世《かこぜ》を持つ人物がいたため）

綾織　（笑）いえ、そんなことはありませんけど。

籾井勝人守護霊　うん？　うん？　〝反乱軍〟が陰謀《いんぼう》を巡《めぐ》らして……。うん？　ちょっと問題あるなあ。

綾織　やはり、創業者として活躍《かつやく》されたことが、歴史に遺《のこ》っていますので……。

籾井勝人守護霊　創業者なんや。朝廷への尊王《そんのう》思想はちゃんと持っとるんや。

綾織　なるほど。

籾井勝人守護霊　まあ、ちゃんと持っとる。

綾織　なるほど。まさに、うってつけですね。

籾井勝人守護霊　うん。だから、悪いやつらは徹底的《てってい》に〝ぶち殺して〟やるからさあ。

綾織　なるほど。

籾井会長自ら「大河《たいが》ドラマ」に出演して剣《けん》を振《ふ》るう？

綾織　大河《たいが》ドラマにも出演できるかもしれませんね（笑）。

籾井勝人守護霊　そうやなあ……。そうやなあ、わしが出たほうがええかなあ。

綾織　（笑）

籾井勝人守護霊　わしが刀《かたな》を差したら、様になるかもしらんなあ。ハッハッハッハ（笑）。

綾織　あの、ぜひ……。

籾井勝人守護霊　（剣《けん》を振《ふ》るふりをして）バッシャ、バシャ、バシャ、バシャ……って、あとは芸者をあげて、ちょっと、「ハハハハハ」ってやってると、ええ感じが出るかもしらんなあ。

矢内　ぜひ、大河《たいが》ドラマで。

籾井勝人守護霊　それで、バサッと斬られるんか、誰《だれ》かになあ。

高間　大いに期待しております。

籾井勝人守護霊　うーん。

綾織　ＮＨＫを、ぜひ、〝ぶった斬って〟いただければと思います。

国のため「不逞《ふてい》な輩《やから》」「国賊《こくぞく》」を次々と斬《き》っていきたい

籾井勝人守護霊　「新撰組の創始者をＮＨＫに据《す》えた」っていうのは、実にいい人事だ。安倍《あべ》さんもなかなか頭が切れる。

綾織　はい。

籾井勝人守護霊　うーん。そらあええわ。だから、ＮＨＫのなかで辻斬《つじぎ》り……、辻斬りじゃない。あれは正当な警察行動だから、辻斬りじゃない。

綾織　正当ですね。

籾井勝人守護霊　だから、不逞《ふてい》な輩《やから》はぶった斬っていく。次々と。

綾織　はい。ぜひ、お国のために戦っていただければと思います。

籾井勝人守護霊　斬れるだけ斬ってやる。うーん。できるだけ国賊《こくぞく》を斬って斬って斬りまくる。

矢内　そうですか。

籾井勝人守護霊　うーん。ま、いずれ命は狙《ねら》われるとは思うが。

矢内　特に今、中国、そして韓国《かんこく》もそうですが、日本に対して情報戦、世論《よろん》戦というかたちで、自虐《じぎゃく》史観のところで情報攻撃《こうげき》をかけております。

籾井勝人守護霊　そんな意識は、ＮＨＫには全然ないみたいだな。

矢内　ええ。

籾井勝人守護霊　まったくない。

矢内　ぜひ、日本を守るためにも、ＮＨＫの力で中国の野望を撃退してほしいと思います。

籾井勝人守護霊　うーん。

幸福実現党には「都知事選」に参戦してほしかった

籾井勝人守護霊　（矢内に対して）あ、君のところ（幸福実現党）なんかさ、君に代わって美人党首が立ったのにさ。こんなのはニュース性があるじゃんなあ？　なんで取り上げないんだろうなあ、ほんとになあ。

綾織　ぜひ、お願いいたします。

籾井勝人守護霊　うーん。参戦だけでもいいから、都知事選に出てくれたらさ、華《はな》が出るからね。じいさまばっかり出てるのは、面白《おもしろ》くないね。「顔だけでもええから映させてもらいたい」とか、ちょっとぐらい頼《たの》んだらどうなの？　そのくらいねえ。

いや、だから、都知事なんかなる気はないでしょうけども、とにかく話題というかさ、「選挙戦を面白くせないかん」と言うべきやなあ。

綾織　今後、そうした活動をやっていきますので、ぜひ、取り上げていただければと思います。

籾井勝人守護霊　いや、わしはね、あのタイプやったら、舛添《ますぞえ》なんかに取られる気はないなあ。

綾織　なるほど。分かりました。

矢内　そういう声は一部にあったのですが、やはり、幸福実現党としては国政を目指して……。

籾井勝人守護霊　国政を目指す？

矢内　国政改革で頑張《がんば》ります。

籾井勝人守護霊　いや、都知事から首相っていう道だってないわけじゃないんだよ。年が若かったら。

綾織　はい、はい。

自らを「半沢直樹《はんざわなおき》」になぞらえて語る籾井氏守護霊

綾織　はい。本日は、ＮＨＫ改革のビジョンをたくさん語ってくださいまして、本当にありがとうございました。

籾井勝人守護霊　君ら、わしが一年以上もつように祈願《きがん》するんだぞ、しっかり。「ＮＨＫ会長延命祈願」とか、何かつくれよ！　宗教なら。

綾織　はい（笑）（会場笑）。

籾井勝人守護霊　ＮＨＫの体質は古いんだよ。だから、俺《おれ》が「半沢直樹《はんざわなおき》」とか言うたら、すぐそれを悪口で書くやない。『半沢直樹』はＴＢＳだから、そんなもんをほめたら、ＮＨＫとしてはみっともない」っていう。そんなこと考えないで、あの

〝半沢直樹〟を呼んできてＮＨＫでやったらええねん、な。バシッと、もっとごついやつを、やらしたらええのやなあ。やつを今度は頭取《とうどり》に据《す》えてねえ、行内《こうない》改革をバシバシにやるような番組でも、ＮＨＫでやっちゃったらええねんなあ。来るよ、やってくるよ、きっと、俳優は。

綾織　ぜひ、「半沢直樹」的にご活躍されることをお祈《いの》りいたしております。

籾井勝人守護霊　うん。出向《しゅっこう》させるんでないぞよ、子会社になあ。

綾織　何とか頑張っていただきたいと思います。

籾井勝人守護霊　ＮＨＫも、ちっちゃな〝あれ〟持っとるんだろう、何か。出るところが、なんかすごくあるらしいから。きっとな、関連会社にちっちゃいの。「従業員十人」とかってあるかもしらんからさあ。小道具づくりの会社とか、いろいろあるかもしらんから、そういうところに押《お》し込《こ》められる恐《おそ》れがあるからなあ。

ＮＨＫに討《う》ち入《い》って、悪人を斬《き》る？

籾井勝人守護霊　いやあ、わしは君らの宗教はね、評価してるよ。もう、安倍さんだろうがさ、ＪＲ東海のあの方……。

綾織・高間　葛西《かさい》さん。

籾井勝人守護霊　葛西さんにしたってさ、いや、君らに対する評価はものすごい高いからさあ。「君らがいてくれるために、この国は守られてる」って、やっぱり思ってるからさあ。ＮＨＫだって、一肌脱《ひとはだぬ》いで討《う》ち入《い》りに入るよ、それはねえ。

矢内　全国民が応援しております。

籾井勝人守護霊　うん、ぶった斬《ぎ》って、ぶった斬って、何人斬れるかやな。まあ、〝虎徹《こてつ》〟を使うのはわしやなかったか。あれは近藤《こんどう》か。まあ、しゃあないわ。〝虎徹〟はないけども、なんぞ、わしの名刀《めいとう》で、斬って斬って斬りまくったるわ。

綾織　ぜひお願いいたします。期待しております。

高間　期待しております。

籾井勝人守護霊　やっぱりね、悪人を斬らないかん、まずな。悪人からバサッとな。会長に権力があるとこ、見せないかんと思うな。

綾織　本当にそうですね。ぜひご活躍を期待しております。

籾井勝人守護霊　だから、ＮＨＫも、番組に窮《きゅう》したら、芹沢鴨を主役にした番組をつくってもええと思うなあ。

綾織　そうですね。そうかもしれません（笑）。

籾井勝人守護霊　うーん、みんな、すごく短くなるかなあ、番組が。

綾織　そうですね。

籾井勝人守護霊　すぐ終わっちゃうか。まあ、単発だわな。前編・後編ぐらいで終わり。

綾織　今のご活躍が大事だと思いますので。

籾井勝人守護霊　うんうん。いや、今、わしは、精神的には幸福実現党を応援しとるよ。

綾織　はい。ありがとうございます。

籾井勝人守護霊　いやあ、君らは、まさしく、そのとおりだ、〝突撃隊《とつげきたい》〟だ、ほんと。〝特攻隊《とっこうたい》〟でもあるし、〝新撰組〟だし、いや、それ以上のもんだな。

綾織　はい。

籾井勝人守護霊　うーん、「未来新撰組」みたいなもんやなあ。君もええ顔してるよなあ。

綾織　ありがとうございます（笑）。

籾井勝人守護霊　どうだ？　うちの組に来ないか。うーん？

綾織　いえ（笑）（会場笑）。少し毛色が違うかもしれません。

籾井勝人守護霊　そう？　いや、いけるんじゃないか。その顔だったら、十分いけそうだ。

綾織　はい。ありがとうございます。

籾井勝人守護霊　君、腕《うで》が立つだろう？　なかなか。

綾織　いやあ、どうでしょうかねえ。

籾井勝人守護霊　立ちそうな感じがするなあ。

綾織　ありがとうございます。

籾井勝人守護霊　「君なら、十五、六人は斬れる」と見たな。

綾織　なるほど（笑）。

籾井勝人守護霊　不逞《ふてい》の輩《やから》をやっぱり退治しなきゃ、絶対、世の中よくならんのよ。

綾織　はい。ぜひ応援させていただきます。

新春討論番組に出て、ＮＨＫの方針を示したい

矢内　今世《こんぜ》、再び大暴《おおあば》れしてください。

籾井勝人守護霊　ああ、やりたい！　やりたい。

だけど、いずれ斬られるとは思うが、斬られる前に、斬るべき者は斬っておきたい。だから、君らの援護射撃《えんごしゃげき》も、ひとつ、よろしく頼むなあ。

綾織　はい。

籾井勝人守護霊　「ＮＨＫはなぜ会長の言うことをきかないのか」とか、やっぱり次も考えといてなあ。これ（本書）が出たあとの反作用がどういうふうになるかを見てねえ。国会で絞《しぼ》り上げられたり、いろいろまたするかもしらんから。

そのときは、絞り上げた野党は、やっぱり、ガンガンにやっつけてほしいな。「ザ・リバティ」の言論で。

綾織　分かりました。「ザ・リバティ」で、きちっと記事化することをお約束します。

籾井勝人守護霊　この、もう、鈍臭《どんくさ》い野党を、「こんな、くっだらない質問で国民の時間を奪《うば》いよって。バカバカしい」って。まあ、ちょっと、海江田《かいえだ》は海の底に沈《しず》んだんじゃなかったんか。なあ？（『海江田万里《ばんり》・後悔《こうかい》は海よりも深く――民主党《タイタニック》は浮上《ふじょう》するか――』〔幸福実現党刊〕参照）

綾織　そうですね。

籾井勝人守護霊　な？　そうだよなあ？　なんで、まだ生きとるんだ、あれ。なあ？

綾織　はい。

籾井勝人守護霊　もう、しょうもない、ほんっとに。もう、ほんっとに、わしが出たいんじゃ！　いちばんええゴールデンアワーになあ。

綾織　はい。それも提案させていただきます。

籾井勝人守護霊　うーん、そうなんだよ。もう、受信料の、あの頭下げるの、わしがやらんでもええんや。あんなの、ほかのやつがやったらええねん。わしは、得意でないからさあ。「受信料の値上げにご理解お願いします」みたいな、あんなの全然やる気ない。ぜーんぜん、やる気ない。

わしがやりたいのは「中身」やから。中身でさあ、やっぱり王道をズバッと……。だから、会長がね、新春対談をやってやなあ、ＮＨＫの方針、社の方針を全国・全世界に示さないかんところだなあ。

綾織　そうですよね。

籾井勝人守護霊　その方向で、やっぱり、一丸《いちがん》となって下が動く。これが理想的な組織なんだよなあ。

綾織　なるほど。分かりました。

籾井勝人守護霊　これをやらなあかんわなあ。君ら、しっかり提案を……。

綾織　はい。分かりました。提案させていただきます。

NHKに潜《ひそ》む〝賊《ぞく》〟は即刻《そっこく》〝打ち首〟にする

籾井勝人守護霊　だから、君ねえ、街宣するんやったら、NHKの前で、「NHKは、籾井会長の言うことをよくきけえ！」って（会場笑）、こう街宣しなさい。

綾織　はい。

矢内　やらせていただきます。しっかり応援させていただきます。

籾井勝人守護霊　全然、悪くないよ。警察も引っ繰《く》り返る、「すごい街宣だ。こんな街宣、見たことがない」って言って。「『会長の言うことをしっかりきけ』っていう街宣なんて、見たことも聞いたこともない」っていう（会場笑）。もうあきれ返って、アホらしゅうて、みんな喫茶店《きっさてん》に行くよ、警察官が。そのぐらいの街宣をやってほしいなあ。

矢内　会長の要請《ようせい》がありましたので、必ず（会場笑）、しっかりと応援させていただきます。

籾井勝人守護霊　ああ。いやあ、ＮＨＫがわしをなあ、陥《おとし》れようと……、周りの賊軍《ぞくぐん》がさあ、わしを陥れようとする動きが見えたら、すかさず一撃を入れるべきだし、ビラを撒《ま》いてるときに、「国営放送じゃありません。公共放送です」とぬかしたやつの名前を挙げてくれれば、即刻《そっこく》、〝打ち首〟処分にするから。
今度、君らの学生部がビラ撒くときに、「別に、公共放送ですから、国益について言う必要はない」とか、「中国や韓国の味方だったとしても何も問題ない」とか言うたら、名前と住所を……、住所は言わなくとも分かるわ、名前だけで分かるから、調べ上げてくれたらええ。ぜひとも取材して、名前をチラシに入れてくれたら、そいつを即刻、〝打ち首〟にするから、やらしてくれ。

綾織　はい。承《うけたまわ》りました。

籾井勝人守護霊　そういうやつは許せんから。どこに、そういう賊が潜《ひそ》んどるか、知りたいから。
君（高間・元NHK職員）なんかは、ここへ出向してきてるっていう（会場笑）。まあ、そろそろ、役員で帰ってきたらええんとちゃうんか。ええ？

高間　そうですね。もう、本当にどこでも……。

籾井勝人守護霊　宗教修行《しゅぎょう》して、ええ？　放送総局長とか、総局長とか、どうだい？　ひとつ。うーん？

高間　〝一人国営放送〟として、どこでもやりますので。

籾井勝人守護霊　宗教で鍛《きた》えられた、その精神力で、ひとつパシーッと、こう、ええ？

高間　はい。もう、籾井会長の〝お庭番《にわばん》〟でも何でもやりますので。

籾井勝人守護霊　あ、そうだねえ。君みたいな腕っぷしのいいのが、ひとつ欲《ほ》しいなあ。ほんとやなあ。

綾織　はい。ありがとうございます。

国民の「左翼《さよく》洗脳」を解かなくてはならない

綾織　そろそろ、「地上のご本人が寂《さみ》しがっている」と思いますので。

籾井勝人守護霊　ああ、そうかい。せっかくやのに、もったいないな。でも、〝この番組〟流れんのが残念やな、ほんま。

綾織　いえ、いろいろなかたちで放映させてもいただきますので。

籾井勝人守護霊　君ら、早く、安倍さんに頼んで、放送認可、もらいなさいよ。ほんとはねえ。

綾織　はい。そうですね。

籾井勝人守護霊　放送局持たないかんわ、やっぱり。まあ、国営放送はないそうやから、君らが国営放送つくったれよ。それがええ。

綾織　はい。

矢内　ＣＣＴＶの代わりに、渋谷《しぶや》の放送センターに入りたいと思います。

籾井勝人守護霊　うん。まあ、そんなに一日中やる必要はないんだろう？　一日一時間もくれたら、十分やろうから。やっぱり、国民の左翼《さよく》洗脳を、そのマインドコントロールを解かないかんからさあ。それをしっかり流さなあかんわなあ。

綾織　はい。分かりました。

籾井勝人守護霊　頑張れよ。

綾織　ＮＨＫ改革の具体的な姿が見えてきました。ぜひ実現していただければ、ありがたいです。

籾井勝人守護霊　うん。ＮＨＫのなかにも、たぶん、わしの言葉に感応するやつが、ま、一割はおると思うんだよ、少なくともな。

綾織　はい。そうですね。

籾井勝人守護霊　あとは保身の輩《やから》が多いとは思うけど、一割ぐらいは、たぶん、「そうやそうや！」っていうのがいると思うんや、なあ。

まあ、そういうのは、こっちに流れ着いてくる可能性もないわけではないけども。何とか、応援してやってくれや。

綾織　はい。私たちも頑張っていきたいと思います。

籾井勝人守護霊　うーん、やっぱりね、性根《しょうね》入れなあかん、性根をなあ。

矢内　しっかり応援させていただきます。

籾井勝人守護霊　頼んだでよ。

綾織　はい。承りました。ありがとうございます。

籾井勝人守護霊　うん。

11　NHK新会長・籾井勝人氏守護霊の霊言《れいげん》を終えて

大川隆法　はい（手を二回叩《たた》く）。面白《おもしろ》い人ではないですか。やはり、いじめては駄目《だめ》ですよ。こういう、「本音を語るマスコミ人」というのは大事です。

綾織　そうですね。

大川隆法　やはり、こういう人は大事ですからね。しっかり応援《おうえん》しなければいけません。

綾織　はい。応援していきたいと思います。

大川隆法　面白いですよ。もっと本音を言ってほしいし、もう、謝《あやま》るのはやめてほしいと思います。こういう人は、謝るのは似合いません。

綾織　そうですね。

大川隆法　謝罪はやめてほしいですね。「謝罪は一切《いっさい》いたしません」と言ってほしいです。

ほかのところも、外国も謝罪しないのですから、それほど簡単に謝罪してはいけません。やはり、信念を曲げないのが偉人《いじん》の条件なのですから（机を叩く）、曲げてはいけないと思います。しっかり言ってほしいものです。

それと、「時事放談」みたいな番組をやってほしいですね。

綾織　そうですね。

大川隆法　会長の番組が欲《ほ》しいです。一回、面白くない番組をやめて、ときどき、会長が出てくるとよいのではないですか。トップ自らが出る（机を叩く）。

幸福の科学もトップが出てきて、話しまくっているのですからね。向こうから見れば、放言《ほうげん》の連続でしょうし、刺激《しげき》的な放言をしまくっていて、〝大放言〟しているのだろうと思いますが、それでも潰《つぶ》れないような組織をつくらなければいけないのです。

つまり、言いたいことを言って、「潰れない組織」でなければいけないし、それで支持を受けなければいけないわけです。

そういう意味で、この人が本気で正しいことを言って、みんなに広めたら、むしろ、受信料拒否《きょひ》は減ってくるのではないでしょうか。

綾織　はい、そうですね。

大川隆法　もっといい番組をつくってあげたら、「受信料を払《はら》いたい」という人が、「もっと払ってもいい」と言うかもしれません。

わが家のテレビも数だけはたくさんあって、ずいぶん払わされているので、少しは元を取らなければいけないと思っているところです。見ている時間はものすごく短くて、本当に少ししか見ていないのですが、受信料は、その時間に関係なく取ってきます。あれも、本当は少し問題があるのです。

それはさておき、何とか改革が成功しますように、幸福の科学も、しっかり応援したいと思います。当会が応援すると、クビになるのかどうかは知りませんが、そのときはそのときで、また、「反撃《はんげき》の弁」を出していただいてもよいのではないでしょうか。

綾織　はい。

大川隆法　よろしいのではないですか。ここらへんで足を引っ張られて、消されないように頑張《がんば》っていただきたいですね。

例えば、週刊誌に、銀座のクラブのママの話で、「籾井さんは、三井物産《みついぶっさん》の社長になれないので、会社で机を引っ繰《く》り返した」などと書かれていたとしても、そんなことは誰《だれ》も取材しておらず、人の噂《うわさ》話を聞いただけかもしれません。机は重いので、引っ繰り返すのはなかなか大変ですよ（笑）。

綾織　そうですね。

大川隆法　そのように、週刊誌などには、嘘《うそ》のような本当のような話が書かれていますが、やはり、言いたいことは言ったほうがよいでしょう。

　そして、もう謝罪はやめていただきたい。基本的に、謝罪はせずにやっていただきたい。「社の方針のほうが変わるべきだ」という持論で頑張っていただきたいと思います。

　どうか、任期を三年間、全《まっと》うなされますように、心から祈願《きがん》申し上げて、終わりにしたいと思います。

あとがき

つくづく本音を言うマスコミ人は大切にしなくてはならないと思う。ＮＨＫの新会長は、想定問答集をもとにダラダラと続く「国会答弁中継」などにもほとほと嫌気がさして、ダイジェストを流せば十分と考えておられることだろう。

「面白くないものは、面白くない」「くだらないものは、くだらない」と言い切る勇気が必要だ。また、日本を、無神論の唯物論国家にしてしまわないためには、しっかりとしたオピニオンを諸外国に対して発信してほしいものだ。特に北朝鮮・韓国・中国に対して、国益に基づいて言うべきことはキチッと言ってほしい。彼らの人権弾圧、宗教弾圧、言論統制、腐敗、堕落、危険性、侵略性についてもキチッと解説してほしい。これがNHKに黙殺されている国民の声である。

二〇一四年　二月一日

幸福《こうふく》の科学《かがく》グループ創始者兼総裁《そうししゃけんそうさい》　大川隆法《おおかわりゅうほう》

『ＮＨＫ新会長・籾井勝人守護霊本音トーク・スペシャル』大川隆法著作関連書籍

『ＮＨＫはなぜ幸福実現党の報道をしないのか』（幸福の科学出版刊）

『海江田万里・後悔は海よりも深く――民主党は浮上《タイタニック》するか――』（幸福実現党刊）

『神に誓って「従軍慰安婦」は実在したか』（同右）

NHK新会長《しんかいちょう》・籾井勝人守護霊《もみいかつとしゅごれい》
本音《ほんね》トーク・スペシャル
――タブーにすべてお答えする――

2014年2月7日　初版第1刷

著　者　　大《おお》　川《かわ》　隆《りゅう》　法《ほう》

発行所　　幸福の科学出版株式会社
〒107-0052 東京都港区赤坂2丁目10番14号
TEL(03)5573-7700
http://www.irhpress.co.jp/

印刷・製本　株式会社 堀内印刷所

落丁・乱丁本はおとりかえいたします

ISBN978-4-86395-438-0 C0030
写真：時事

大川隆法 ベストセラーズ・マスコミのあり方を検証する

NHKはなぜ 幸福実現党の報道をしないのか

受信料が取れない国営放送の偏向

偏向報道で国民をミスリードし、日本の国難を加速させたNHKに、その反日的報道の判断基準はどこにあるのかを問う。

1,400円

朝日新聞はまだ反日か

若宮主筆の本心に迫る

日本が滅びる危機に直面しても、マスコミは、まだ反日でいられるのか!? 朝日新聞・若宮主筆の守護霊に、国難の総括と展望を訊く。

1,400円

ナベツネ先生 天界からの大放言

読売新聞・渡邉恒雄会長 守護霊インタビュー

混迷する政局の行方や日本の歴史認識への見解、さらにマスコミの問題点など、長年マスメディアを牽引してきた大御所の本心に迫る。

1,400円

※表示価格は本体価格(税別)です。

大川隆法ベストセラーズ・マスコミの本音を直撃

「WiLL」 花田編集長守護霊による「守護霊とは何か」講義

霊言がわからない——。誰もが知りたい疑問にジャーナリストの守護霊が答える！ 宗教に対する疑問から本人の過去世までを、赤裸々に語る。

1,400円

池上彰の政界万華鏡

幸福実現党の生き筋とは

どうする日本政治？ 憲法改正、原発稼働、アベノミクス、消費税増税……。人気ジャーナリストの守護霊が、わかりやすく解説する。

1,400円

ニュースキャスター 膳場貴子のスピリチュアル政治対話

守護霊インタビュー

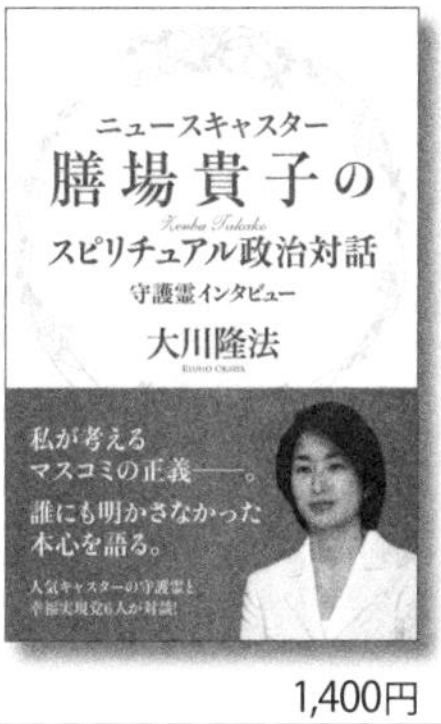

この国の未来を拓くために、何が必要なのか？ 才色兼備の人気キャスター守護霊と幸福実現党メンバーが、本音で語りあう。

【幸福実現党刊】

1,400円

幸福の科学出版

大川隆法 ベストセラーズ・最新刊

堺雅人の守護霊が語る 誰も知らない「人気絶頂男の秘密」

個性的な脇役から空前の大ヒットドラマの主役への躍進。いま話題の人気俳優・堺雅人の素顔に迫る110分間の守護霊インタビュー！

1,400円

舛添要一のスピリチュアル「現代政治分析」入門 ――守護霊インタビュー――

国政、外交、国際政治――。国際政治学者・舛添要一氏の守護霊が語る現代政治の課題と解決策。鋭い分析と高い見識が明らかに！

1,400円

日本外交の盲点

外交評論家 岡崎久彦守護霊メッセージ

日米同盟、中国・朝鮮半島問題、シーレーン防衛。外交の第一人者の守護霊が指南する「2014年 日本外交」の基本戦略！ 衝撃の過去世も明らかに。

1,400円

幸福の科学出版

幸福の科学グループのご案内

宗教、教育、政治、出版などの活動を通じて、地球的ユートピアの実現を目指しています。

宗教法人　幸福の科学

一九八六年に立宗。一九九一年に宗教法人格を取得。信仰の対象は、地球系霊団の最高大霊、主エル・カンターレ。世界百カ国以上の国々に信者を持ち、全人類救済という尊い使命のもと、信者は、「愛」と「悟り」と「ユートピア建設」の教えの実践、伝道に励んでいます。

（二〇一四年二月現在）

愛

幸福の科学の「愛」とは、与える愛です。これは、仏教の慈悲《じひ》や布施《ふせ》の精神と同じことです。信者は、仏法真理をお伝えすることを通して、多くの方に幸福な人生を送っていただくための活動に励んでいます。

悟り

「悟り」とは、自らが仏の子であることを知るということです。教学《きょうがく》や精神統一によって心を磨き、智慧《ちえ》を得て悩みを解決すると共に、天使・菩薩《ぼさつ》の境地を目指し、より多くの人を救える力を身につけていきます。

ユートピア建設

私たち人間は、地上に理想世界を建設するという尊い使命を持って生まれてきています。社会の悪を押しとどめ、善を推し進めるために、信者はさまざまな活動に積極的に参加しています。

国内外の世界で貧困や災害、心の病で苦しんでいる人々に対しては、現地メンバーや支援団体と連携して、物心両面にわたり、あらゆる手段で手を差し伸べています。

年間約３万人の自殺者を減らすため、全国各地で街頭キャンペーンを展開しています。

公式サイト **www.withyou-hs.net**

ヘレン・ケラーを理想として活動する、ハンディキャップを持つ方とボランティアの会です。視聴覚障害者、肢体不自由な方々に仏法真理を学んでいただくための、さまざまなサポートをしています。

公式サイト **www.helen-hs.net**

教育

学校法人 幸福の科学学園

学校法人 幸福の科学学園は、幸福の科学の教育理念のもとにつくられた教育機関です。人間にとって最も大切な宗教教育の導入を通じて精神性を高めながら、ユートピア建設に貢献する人材輩出を目指しています。

幸福の科学学園

中学校・高等学校（那須本校）
2010年4月開校・栃木県那須郡（男女共学・全寮制）
TEL **0287-75-7777**
公式サイト **happy-science.ac.jp**

関西中学校・高等学校（関西校）
2013年4月開校・滋賀県大津市（男女共学・寮及び通学）
TEL **077-573-7774**
公式サイト **kansai.happy-science.ac.jp**

幸福の科学大学（仮称・設置認可申請予定）
2015年開学予定
TEL **03-6277-7248**（幸福の科学 大学準備室）
公式サイト **university.happy-science.jp**

仏法真理塾「サクセスNo.1」 TEL **03-5750-0747**（東京本校）

小・中・高校生が、信仰教育を基礎にしながら、「勉強も『心の修行』」と考えて学んでいます。

不登校児支援スクール「ネバー・マインド」 TEL **03-5750-1741**
心の面からのアプローチを重視して、不登校の子供たちを支援しています。
また、障害児支援の**「ユー・アー・エンゼル！」**運動も行っています。

エンゼルプランV TEL **03-5750-0757**
幼少時からの心の教育を大切にして、信仰をベースにした幼児教育を行っています。

シニア・プラン21 TEL **03-6384-0778**
希望に満ちた生涯現役人生のために、年齢を問わず、多くの方が学んでいます。

NPO 活動支援

学校からのいじめ追放を目指し、さまざまな社会提言をしています。また、各地でのシンポジウムや学校への啓発ポスター掲示等に取り組むNPO「いじめから子供を守ろう！ネットワーク」を支援しています。

公式サイト **mamoro.org**
ブログ **mamoro.blog86.fc2.com**
相談窓口 **TEL.03-5719-2170**

政治

幸福実現党

内憂《ないゆう》外患《がいかん》の国難に立ち向かうべく、二〇〇九年五月に幸福実現党を立党しました。創立者である大川隆法党総裁の精神的指導のもと、宗教だけでは解決できない問題に取り組み、幸福を具体化するための力になっています。

党員の機関紙
「幸福実現NEWS」

TEL 03-6441-0754
公式サイト hr-party.jp

出版 メディア 事業

幸福の科学出版

大川隆法総裁の仏法真理の書を中心に、ビジネス、自己啓発、小説など、さまざまなジャンルの書籍・雑誌を出版しています。他にも、映画事業、文学・学術発展のための振興事業、テレビ・ラジオ番組の提供など、幸福の科学文化を広げる事業を行っています。

TEL 03-5573-7700
公式サイト irhpress.co.jp